塔羅占卜
實戰指南

掌握關鍵解牌技巧，
從新手走向專業占卜師的祕笈

珍娜・麥特琳 Jenna Matlin——著

梵妮莎——譯

Will You Give Me A Reading?
WHAT YOU NEED TO READ TAROT WITH CONFIDENCE

塔羅占卜實戰指南

各界好評盛讚

「無論是新手塔羅師或經驗豐富的塔羅師，這本書對他們而言都是極佳的資源。珍娜解析了所有塔羅師可能遇到的各種情況和最常見的問題，並提供明智的建議……書中有許多經過深思熟慮且易於實踐的能量練習，可以融入你的日常工作中。這是一本精彩的著作，值得收藏到你的塔羅牌工具箱，並能幫助到那些希望為出色的塔羅占卜奠定堅實基礎的塔羅師。」

珍·桑凱（Jen Sankey）

《星塵流浪者塔羅牌》（*Stardust Wanderer Tarot*）作者

「雖然市面上有許多指導塔羅牌占卜基礎知識的書籍，但教你如何將牌串連成有凝聚力且實用敘述的書籍並不多。珍娜·麥特琳彌補了這個空缺……這是塔羅牌占卜藝術的大師課程，保證對新手塔羅師和專業人士都有幫助。珍娜於本書中毫不保留，內容涵蓋了你可能遇到的各種狀況，包括預測、同理心、宮廷牌和具挑戰性的場景。」

泰瑞莎·里德（Theresa Reed）

《塔羅牌：無須解釋》（*Tarot: No Questions Asked*）作者

各界好評盛讚

「珍娜‧麥特琳的書就像是你一直夢寐以求的塔羅良師益友——一位很酷又令人安心的指導者。珍娜引導你踏上星光燦爛的塔羅之路，你很快就能掌握充滿自信的占卜技巧！」

薩莎‧格雷厄姆（Sasha Graham）
《塔羅牌魔法》（*The Magic of Tarot*）作者

「我一開始學塔羅牌時，這本書到底在哪裡呢？當我在閱讀這本實用的、令人愛不釋手的書時，不斷提出的問題！對於所有想要開始占卜之旅的人來說，這是一本必讀之書。」

萊札‧羅伯遜（Leeza Robertson）
《美人魚塔羅牌》（*Mermaid Tarot*）創作者

「珍娜以親民又博學的風格撰寫本書，內容充滿了她三十多年的實務經驗、趣聞和技巧，是探索在解讀塔羅牌時不同情境下如何發揮作用的完美工具……麥特琳鼓勵塔羅師在實踐中對理論進行測試，從中獲得自己的發現，同時在整本書中提供持續的指導和支持。」

克利斯‧歐內羅（Chris Onaero）
塔羅牌專家、「We're Booked」節目主持人

塔羅占卜實戰指南

「這是一本我希望自己在第一次進行專業占卜時就擁有的書籍！如果我在剛開始成為一名塔羅師時，手裡就有這本如寶石般珍貴的書籍，我就能避免很多錯誤，學習之路也不會這麼坎坷！」

凱特・費雪（Kate Fisher）
「Daily Tarot Girl」創辦人

「這本書充滿了從實踐到靈性的絕妙點子，展現了作者極度深思熟慮的智慧，以及對顧客及塔羅師的關懷。選擇這本精彩的書籍，絕對不會出錯。」

詹姆斯・迪維恩（James Divine）
手相學家、神祕主義者和歡樂製造者

「麥特琳在組織心理學領域的背景，為占卜帶來了一套全新的工具。她提供清晰、詳盡的建議，教導你如何將牌卡視為一個整體。學習如何將你的牌陣解釋為一則故事，而不是一張一張的牌卡……你的客戶將會得到更深入的解答，而你會感覺自己像位搖滾明星……《塔羅占卜實戰指南》是你將塔羅牌技能從基礎提升到精湛的地圖。」

阿爾文・林區波（Arwen Lynch-Poe）
作家、老師、通靈者和靈媒

各界好評盛讚

「這本書是一個將你的占卜技能提升到新水準的寶庫，充滿精彩的技巧提示。無論你是初學者還是有經驗的占卜者，這本書都會讓你充滿信心地開始為他人占卜，或者鼓勵自己更深入地回答客戶的問題。」

潔咪・埃爾弗（Jaymi Elford）
《塔羅牌啟發你的生活》（*Tarot Inspired Life*）作者

「這是一本精彩的指南，幫助我們發展自己的塔羅語言，並信任自己成為一名塔羅師。藉由麥特琳出色的技巧和深切的關懷，整本書講述了如何在複雜的相互關係中，以流暢、清晰的方式發揮占卜能量。麥特琳對塔羅牌的熱愛和奉獻精神超乎尋常。她慷慨分享這一切的價值有如黃金。」

南希・安特努奇（Nancy C. Antenucci）
《塔羅牌儀式寶典》（*Tarot Rituals*）作者

作者的話

　　本書的故事來自真實客戶和塔羅師的互動,但文字和故事已經過調整;有些故事為了突顯某些重點,綜合了多種不同的情境;而有些故事的細節則被重新改寫,以保護當事人的隱私。

目錄
Contents

推薦序		*008*
前言		*012*
Chapter 1	解牌的快速入門指南	*015*
Chapter 2	如何成為優秀的解牌者？	*031*
Chapter 3	是的，你有超感知感應	*055*
Chapter 4	不走尋常路的塔羅另類指南	*073*
Chapter 5	如果你是解讀者，那誰是作者？	*093*
Chapter 6	解牌有一半的功夫與「提問」有關	*123*
Chapter 7	多層次塔羅解牌技巧	*147*
Chapter 8	宮廷牌也是人	*167*
Chapter 9	為什麼宮廷牌這麼難理解？	*187*
Chapter 10	成為問卜者需要的塔羅師	*201*
Chapter 11	塔羅牌的用途超乎你想像	*221*
Chapter 12	審判是一張牌，不是一種解牌風格	*241*
Chapter 13	為什麼他們會誤解你所說的話	*257*
Chapter 14	當占卜不順時該怎麼辦？	*279*
Chapter 15	自我照顧指南：給不擅長自我照護者	*309*
Chapter 16	準備好踏上神祕旅程了嗎？	*325*
結語		*348*
致謝		*349*
推薦閱讀清單		*351*
參考書目		*356*

塔羅占卜實戰指南

推薦序
Foreword

本尼貝爾・溫（Benebell Wen）

《整體塔羅牌》（*Holistic Tarot*）作者，靈魂守護者塔羅牌

（*the Spirit Keeper's Tarot*）創造者

　　很少有人能像珍娜・麥特琳那樣平衡神祕世界與現實世界。她擁有組織心理學的碩士學位，能夠輕鬆駕馭現實世界，原則上，她始終是位理性的懷疑論者。然而，她也具備通靈能力和洞察力，對看不見的世界有超感知。珍娜敏銳地意識到，我們所處的現實世界不僅限於我們所能觀察或證明的部分。

　　很難找到一位將邏輯與直覺融合如此完美的塔羅書籍作者，以下是這本《塔羅占卜實戰指南》將呈現的內容：逐步引導，教你掌握讀牌技巧，並透過現實生活的範例，幫助你成為專業的塔羅師。數十年來，麥特琳成功經營實體的塔羅牌業務；在線上塔羅蔚為風潮前，她就已在網路亮相，並被認為是向塔羅專業人士教授商業技能和行銷的早期先驅之一。現

推薦序

在，麥特琳將她的知識和經驗淬鍊成一本指導手冊，快速提升你的學習效率。

本書一開始便提出一直困擾我的問題：何時向你生活中的人（尤其是同事或有虔誠信仰的朋友）透露你是一位塔羅師；另一個問題是許多人都會遇到的不安感：如何知道自己有沒有通靈能力？又該如何磨練這個能力呢？通靈力可以比喻為一種本能，而具有這項能力的人普遍存在於各種文化原型角色，你可以透過自我實現來達成這種形象。麥特琳將這種能力看作是「為了生存而進化出來的適應力」。

當你開始為別人占卜時，不可避免地會發生一連串快速的同步性，你會發現問卜者反覆問你：「你是怎麼知道的？」這就引出了另一個問題：我們生活中有多少是命中注定？又有多少是由自由意志決定的？預定論、決定論和非決定論的作用是什麼？她的書中涵蓋了這些困難的哲學問題，是那些想深入學習的塔羅師會想深究的主題。

中階的塔羅書籍少之又少，介紹牌卡意義的入門書籍比比皆是，但很難找到一本寫得好、深入探討解牌本質和精神的中階書籍。《塔羅占卜實戰指南》填補了這個空白，教你如何將那些棘手的宮廷牌解讀為一個人、一種行為或一種心理狀態，並逐步指導如何解牌占卜，以及如何在解牌中展現同情心

和真誠,你會希望每隔幾年就重新閱讀這本書,以保持你解讀技巧的敏銳度。

麥特琳的著作充滿先見之明,出版時正好是線上專業塔羅新創公司蓬勃發展的時機,為期一年的全球隔離為塔羅家庭業務、人生教練和靈性諮詢等方面帶來驚人的成長,人們對塔羅牌、占星學、薩滿教和脈輪的興趣也在增加,為他人占卜的市場潛力正在迅速擴大。

掌握為他人解讀塔羅牌的能力已成為一項備受推崇的技能,但能夠幫助人們在創業大海中取得方向、經得起檢驗的資料卻很少,這就是為什麼麥特琳的著作有如珍寶。《塔羅占卜實戰指南》是任何想成為塔羅專業人士的必讀之作。她獨創的「兩部分、十二步驟的塔羅分層技巧」非常優秀,掌握這項技巧將使你成為一位與眾不同的塔羅師。

早在 2012 年,我在撰寫第一本著作《整體塔羅牌》(*Holistic Tarot*)時,曾與麥特琳探討了塔羅牌主題,我們很快就成為朋友。多年來,我們互相傾訴,針對專業問題互相諮詢,並在塔羅牌會議上一邊享用美食美酒,一邊分享故事。我認識她將近十年,在這段時間裡,她展現了忠誠、善良、體貼的一面,正是任何人都希望待在自己身邊的塔羅師類型。麥特琳的塔羅知識深度和廣度令人印象深刻,你永遠不會看到她吹

推薦序

噓這一點,因為她接地氣、腳踏實地、樸實無華。我想不出比她更適合寫這本書的人了。

當你理解了塔羅牌的含義,並熟練塔羅牌的語言後,該如何運用這項工具幫助他人處理心靈問題、評估職業選擇,實現人生目的呢?在《塔羅占卜實戰指南》這本書中,珍娜‧麥特琳會以明智導師的身分幫你提升塔羅牌技巧,教你如何設計和組織塔羅牌占卜的解讀流程,並掌握流程的節奏。對於那些希望在解牌中獲得更多自信的塔羅師,本書將成為你的指路明燈。

前言
Introduction

　　沒有什麼比為別人解讀一次有意義的塔羅牌，並幫助他們生活發生改變，更來得有成就感了。就像導師一樣，當塔羅師看到問卜者出現頓悟的時刻，便找到意義所在。如果我們能幫助站在人生十字路口的人們做出選擇，會為自己的解讀感到由衷的喜悅。然而，僅有能力解讀牌卡是不足以做好這件事的。優秀的塔羅師擁有一整套可用的技巧，而解牌只是其中一部分而已。好消息是：無論你當下對運用塔羅牌的熟稔程度到哪裡，都可以學習這些技能。

　　有時候，我們的解讀並沒有達到自己預期的效果，或者我們會認為問卜者沒有聽懂解牌內容。透過瞭解為什麼會發生這種情況以及該如何應對，就能為身為塔羅師的你建立信心和韌性。這裡有個小提示：大多數時候，這與你本人或你的解讀無關！

　　所以，如果你問自己，你的塔羅牌程度是否適合閱讀《塔羅占卜實戰指南》這本書，答案是肯定的！無論你是對

前言

塔羅牌完全陌生的新手、還是經過一段時間的休息後重新回歸，抑或傳統的塔羅學習方法不適合你，都歡迎來這裡。如果你已經是一位出色的塔羅師，但希望更熟練地為他人解讀塔羅牌，那麼這裡也是你的歸屬。即使是一位專業塔羅師，也能從書中得到大量啟發。

這段旅程從最基礎的問題開始：身為一名塔羅師，你需要考慮什麼？如何提高解牌流暢度，同時注意牌卡訊息與你本人意見之間的差異？當你的問卜者是寶劍皇后，而他們的對象是權杖騎士時，關係可能是如何？未來真的是那個未來嗎？命運的本質又是什麼？《塔羅占卜實戰指南》是關於你步向「以問卜者為中心的解讀」的旅程，一路上，你必須決定你的解讀見解以及這段旅程的樣貌。

書中還有大量的塔羅牌技巧，都是為了幫助你在解牌時更自信流暢。如果你是一個擁有直覺、強烈同理心或具有通靈力的人，其中也有特別適合你的技巧（尤其是當你覺得很難將直覺與牌卡聯繫起來時）。藉由我在書中提供的一些建議，你能夠增強自己的天賦，並更順手地利用它。

你將從一位與你站在同一陣線的塔羅師那裡學到所有知識。本書充滿個人經歷和故事，用來說明所學到的教訓和行之有效的技巧，這代表你可以從一位專業塔羅師和老師那裡獲得

實用建議,而這些建議都是親身經歷且立即可行的。你擁有非凡的天賦,讓我們精進它們,並發揮得更好!本書歡迎所有程度的人,你所需要的只是好奇心,和一點點的魔法而已。

Chapter 1

解牌的快速入門指南

也許你已經同意要為某人占卜,所以匆忙地抓起這本書翻閱,急切地想知道該怎麼做。本章正是為你而準備的。在這本指南中,我假設你在某程度上對解讀塔羅牌有一**定的瞭解**。因此,我假定你知道以下這些事:

✦ 塔羅牌是一副印有圖像的紙牌。

✦ 這些圖像是描述牌卡含義或感覺的象徵。

✦ 我們用塔羅牌來解答問題(即使是概括性占卜也是在提出問題)。

✦ 我們提出一個問題、洗牌、然後選擇特定的牌,將其放在前方。

✦ 我們閱讀每張牌的圖像,把牌卡的訊息組合成一個故事。

✦ 這個故事以某種方式回答了所提出的問題。

我故意沒有說「要記住每張牌不同的五十種可能含義,並

認真研究塔羅牌五年,如此一來,你或許就能準備好為他人解讀塔羅牌了。」不過,情況是這樣的:塔羅牌想要被解讀。你的塔羅牌希望你用它們!你的牌卡不想悲傷又孤獨地坐在架子上,而你卻還需要花一年的時間來思考如何解讀塔羅牌。塔羅占卜是一種練習,唯有透過練習,我們才能成為最好的塔羅師。塔羅牌是一項實踐活動,意味著你必須投入並解讀才能真正學習它,而非反其道而行。獨自學習並不能讓你成為一名優秀的解牌者,實際解牌才能使你成為一名出色的塔羅師。

　　大多數人是透過為自己解讀塔羅牌來開啟他們的塔羅之旅,這可以獲得不少收穫;但當我們開始為他人解牌時,我們的練習就能更進一步,因為為他人解牌會改變你與塔羅牌的關係。你不再只是訊息的接收者,而是成為向他人傳遞訊息的參與者。實際上,你是與塔羅牌合作,為另一個人共同創造一些東西。你以一種全新的方式與塔羅牌建立連結,開始看到塔羅牌如何以特定、獨特且完全針對個人的方式展現。你以一種僅為自己讀牌所無法體會的方式看到塔羅牌的精妙之處。因此,學會為他人好好占卜可以讓你成為一名更好的塔羅師。

　　現在,為他人解牌需要一套獨特的技巧。同時你還對問卜者(也就是提問題的人)負有責任,這種責任有時讓人感覺沉重,使你開始問自己這樣的問題:「要是我錯了怎麼辦?如果

Chapter 1　解牌的快速入門指南

他們受傷怎麼辦？我有什麼資格扮演這個角色？萬一他們對我生氣怎麼辦？」

為別人解牌是壓力很大的事，以至於有些解牌者認為這樣做不值得。這當然是合理的。然而，除非你住在森林深處的貨櫃裡，否則這種情況時不時就會出現——你認識的某個人發現你熟悉塔羅牌，於是他問：「你能為我解牌嗎？」

你會說「好」嗎？我希望你說「好」。我期待你說「好」。當你這樣做時，我寫的這份小指南可以幫助你以尊重自己和問卜者的方式解讀塔羅，同時也尊重這個偉大而美麗的行為。

這是一個十分鐘快速指南，確保大家度過愉快的時光。

☾ 不要驚慌

深呼吸，一次只做一件事情。問卜者往往比你對自己更寬容、更友善，請謹記這點。

☾ 如果你不知道某張牌的意思為何

我必須老實說，這不是一個理想的情況，但你仍可以利用現有的資源。我的建議是：查看每張牌卡，選擇圖像中的一個符號，然後決定這個符號對你而言有什麼意義。舉例來說，假

設你正在看女祭司牌，圖片中是否有某個符號馬上吸引你的目光？那個符號是什麼？你感覺如何？你認為它可能代表什麼？它如何成為回答問題的一部分？就從這裡開始。

☽ 你（可能）不是一名讀心者

不管問卜者怎麼預期，你都無法知道他們真正的心思。人們通常認為不應該告訴你「太多」，以免影響解讀，但由於我們正在解牌，而這些牌是在洗牌後隨機抽出的，所以這應該不影響，對吧？如果你不明白他們的問題、或你覺得他們的問題太模糊，請他們直接說出來，幫助對方找到他們自己也難以發現的問題點。

☽ 傾聽

當問卜者談論他們的處境時，請深入傾聽他們的話，全神貫注。如果你一邊聽、一邊想著要延伸的內容，或試圖為他們組織問題，你可能會錯過極重要的訊息。另外，不要急於對他們「真正想要什麼」下結論。傾聽他們實際上關心的問題。

☽ 幫助問卜者完善問題

有時候，問卜者找你的當下，心中並沒有明確的問題，

Chapter 1 解牌的快速入門指南

他們會說：「我只是想聽聽今天宇宙要對我說什麼，並對一切保持開放性。」當然，你還是可以為他們進行概括性占卜（general reading），但牌卡通常會講述很多事情，以至於沒有一張牌卡能夠達到問卜者所期望的深度。當你幫助他們將問題縮小到一個具體的範圍時，所有的牌卡都會討論這個問題。我們將在本書後續的章節深入討論這個主題。

☾ 理解他們的需求

問卜者提出的每個問題都可以對應到類似馬斯洛需求層次理論的某個位置。也就是說，有些人需要知道他們的額外薪水什麼時候會來、有些人則需要知道他們這一生的業力為何。身為塔羅師，我們是為問卜者服務，所以如果他們想知道薪水，我們就解讀這方面。如果我們忽視他們所關心的主題，自行將解讀轉向我們認為「精神上更重要」的東西，那等於是剝奪了他們的權力。我們應該始終從問卜者的需求出發，從那裡開始引導他們。

☾ 不要做任何覺得不舒服的事情

作為塔羅師，我們可能會收到一些讓身為解牌者的我們感到不舒服的問題，我們可以說「不」。切勿進行與你內在道德

準則衝突的占卜，請告訴他們你無法解答這個問題，而不要在解牌過程中臨時改變問題。

☾ 洗牌

可以由你或你的問卜者洗牌。你可以切牌，也可以把它們整堆面朝下放著，然後像玩骨牌一樣將它們混合。你可以花一分鐘，也可以花五分鐘，沒有任何硬性規定。你唯一需要知道的就是繼續做，直到感覺對了為止。只是，請不要過度拗折你的牌，不是因為它們會對你生氣，而是這會讓牌卡更容易耗損。

☾ 觸摸牌卡

有些解牌者會讓他們的問卜者接觸牌組，有些則不然，這完全取決於個人。我喜歡做的就是讓問卜者在思考問題時握住牌，原因是我可能不喜歡問卜者洗牌的方式，但這能讓問卜者（和我自己）在專注問題的同時有時間讓自己穩定下來。你可以按照任何你想要的方式進行操作。

☾ 功能重於形式

當你收到問題並考慮如何進行占卜時，可以問自己：

Chapter 1 解牌的快速入門指南

「我選擇的牌陣真的能回答他們的問題嗎?」

假如他們詢問關於今晚的約會,為什麼我要使用「過去、現在、未來」牌陣呢?過去和現在的位置可能對這個問題沒有幫助。因此,請確保你使用的牌陣(如果有)適合此次的任務。

☾ 選擇牌卡

你可以從牌堆頂部抽出一張牌、可以從切牌的地方抽出一張牌、也可以將所有牌展開並選擇一張,同時祈請黑卡蒂女神(Hekate)帶來一次良好的占卜,以上都沒有孰好孰壞的問題,選擇適合你的方式,並相信你所選中的牌卡就是適合本次解讀的牌卡。

☾ 讀你所見

你只有一項任務,那就是解讀塔羅牌。如果你發現自己在分享觀點、提供心理輔導或建議,請確保這些內容能在牌卡中找到依據。

☾ 請說出來

有時你看到的資訊對你來說沒有太大意義,但無論如何,

請說出來。或許問卜者比你更能將這些點連結起來,因為他們更瞭解自己生活中正在發生的事。

☾ 回答問題

牌卡正在直接回應問卜者列舉的問題。舉例來說,假設一位問卜者詢問是否應該買房子,而你卻開始談論他們十幾歲的女兒因搬家而遇到的心理困擾,這樣就轉移了焦點,你正在改變問題以符合牌卡,而不是去瞭解牌卡如何回答問題(相信我,它們有在回答問題)。當然,除了問題之外,還有其他值得分享的資訊,但先請確保你回答了問卜者提出的問題。

☾ 如果你腦中一片空白

這是會發生的事。請回到首要前提:不要驚慌。接著,確定問題是否夠簡明。也許需要重新措辭這個問題使其更具體。然後,檢視牌卡是否只講述了故事的一部分,若是如此,則抽更多張牌,直到你感覺看到了整個故事。最後,如果以上方法都沒有幫助,請記錄這次解牌並暫時離開。你是可以這樣做的,這並不代表你是個糟糕的塔羅師!即使是神奇八號球(Magic 8 Ball)[1]也有「稍後再問」的提示。有時答案就是

---

1 編按:一種占卜玩具,外型與撞球的黑色八號球一樣。

Chapter 1　解牌的快速入門指南

不出現,這也沒關係。

☪ 不要強迫它

有時你無法理解某一張牌卡的意思。如果你感覺不到任何訊息,請跳過該牌並繼續。不要讓一張令你煩惱的牌卡影響到其餘解牌流程。

☪ 說實話

如果你沒有看到任何相關訊息,請告訴他們;如果你不太明白這一切是如何湊在一起的,請告訴他們;如果你無法提供他們想要的細節程度,也請告訴他們。不要為了讓解牌顯得有意義而依賴猜測。即使你的問卜者沒有按照他們所期盼的方式得到想要的答案,他們也會尊重你的誠實。

☪ 二次猜測通常是錯的

你的第一直覺通常都是正確的答案,請相信它。

☪ 不要抽釐清牌卡

好吧,有些人可能不同意我的觀點,但請聽我說:在

99.98% 的情況下,一張釐清牌卡往往會造成更多困惑,而不是幫助。最好用三到五張牌卡進行小型解牌,並針對困惑點提出一個新問題。兩者關鍵差異在於,你不是隨意抽牌直到它們看起來有意義,而是提出一個問題,並針對該問題解牌。

☾ 不要讓他們陷入懸念

有時解牌的最終結果是懸而未決的。例如,當有人在整個牌陣的最後一張抽到塔牌時,他可能會需要獲得一些安慰,這時,小型解牌又派上用場了。提出一個問題,聚焦在那個重點以及之後會發生什麼事,並使用三至五張牌的牌陣,幫助問卜者更瞭解這個結果。

☾ 忽略逆位也沒關係

如果你對逆位感到不舒服,請不要解讀它們。你仍然會得到準確的占卜,要相信牌組會在你所在之處與你相遇。

☾ 不要迷失在細節中

為他人占卜是一項具流動性的活動。只要你能理解重點,就已經做得很好了。當你糾結於細節時,反而會使自己脫離這種流暢的狀態。流暢度(以及直覺)來自心流,因此盡量

Chapter 1 解牌的快速入門指南

保持在這種狀態中。

☾ 減速

如果你發現自己語速很快，或者感覺問卜者正在向你如連珠炮般發問，請深吸一口氣，放慢語速。即便問卜者可能希望你在十分鐘內解讀一百個問題（而你也有這樣的能力），也並不意味著你應該這麼做。

☾ 他們可能會說這是錯的

問卜者在事發當下往往無法精確判斷自己的處境。他們可能會告訴你占卜出現錯誤，如果還沒有結束解牌，請繼續進行，並讓他們知道稍後可能會有令他們感興趣的內容。通常都是如此。

☾ 完成解牌

有時問卜者可能會打斷你，認為你已經回答了他們的問題，想繼續討論下一個問題。但如果占卜過程中你還有更多需要說的內容，請從容地傳達所看見的一切。你可能會說出一些他們當下認為無關緊要的事情，但後來會明白這些話的重要性。

☾ 有一個明確的結束

當你開始為某人解牌時,明確告知對方你能花多少時間解牌通常會很有幫助。同時,也讓問卜者知道何時該結束解讀。這可以幫助你調整占卜節奏,並讓問卜者瞭解「接下來的流程」。

☾ 你是對解牌負責,而不是對他們的反應負責

稍後我們將詳細討論這個問題,但現在,試著不要把他們的反應當成是針對個人。人們的反應源於各式各樣的因素,而且通常與你無關。

☾ 塔羅牌不是 Google 的模擬版本

塔羅藝術是美麗而整體性的,即使我們提出一個簡潔的問題並解讀清楚,也不代表我們能夠即時獲得答案。牌卡占卜往往是迂迴曲折的──有時它會故意含糊其辭,至少在我看來,這種含糊充滿了神祕性。通常,揭開謎團需要琢磨、反思,或隨著時間的推移慢慢顯露。對自己溫柔一點,提醒問卜者解牌是一種體驗,而不是一份分析報告。

Chapter 1 解牌的快速入門指南

☾ 相互尊重和善意關懷

你有權拒絕為任何人占卜。事實上，如果有人讓你不悅而你仍試圖進行解牌，那麼占卜就會受到影響。你（或他們）的受傷甚至憤怒都會在占卜期間蔓延。請讓問卜者清楚知道他們的態度會影響牌卡的呈現方式以及你的解牌能力。解讀是一個共同創造的過程，需要他們的友善接納。如果你發現某人的不良行為仍在繼續，你完全有權利結束解讀。

以上就是全部了。我希望你現在有更多的勇氣盡情解牌。如果你是占卜新手，歡迎加入這個大家庭；如果你是老手，感謝你來到這裡並努力做出貢獻。

在每章的最後，我都設計了一個活動，它可以幫助你在閱讀本書時加深你的塔羅練習。以下這個簡單的活動是個很好的開始：打造一個試金石，作為你的「歸屬之地」，無論你要做什麼或去哪裡，這個試金石都會陪伴著你。我很高興你在這裡。

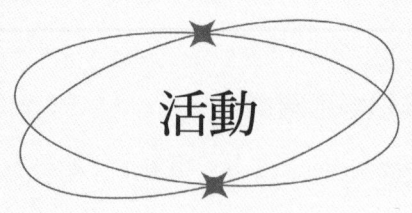

活動

試金石塔羅

試金石是古代用於測試金屬（例如黃金）純度的黑色石板。冶金專家和商人會拿硬幣或金塊在試金石上刮，留下的痕跡類型代表此物品中金屬的純度。

同樣地，大多數解牌者在牌組中都有一張他們認定的牌，我們根據這張牌來決定是否購買或使用某副牌組，如果這張牌沒有引起我們真實的共鳴，我們就會繼續尋找其他牌組。

你的試金石是一張對你來說最有深度共鳴的牌。當你瀏覽塔羅牌中的圖像和故事時，這張牌可以作為你的歸屬。如同試金石的功能一樣，你可以將這張牌作為基準，檢驗其他牌卡。它往往也是你理解和連接其他牌的關鍵入口。

這個活動是利用你的試金石牌來進行一次小型的解讀。請拿出你的試金石塔羅牌，並從牌組中抽出另一張牌，為每個問題建立這兩張牌的對話。寫下解牌內容，就好像你的試金石牌正在與另一張牌互動。如果你是塔羅新手，請隨意使用牌組附帶的說明書或任何其他塔羅書籍解釋含義，但也可以添加

你自己的解釋。你可以提出如下問題（以下是一個小型解讀範例）：

✦ 身為塔羅師，我能為世界帶來哪些個人力量？
✦ 我有哪些限制性信念阻礙我成為占卜者？
✦ 我有什麼工具可以幫助我踏上塔羅師的旅程？
✦ 如何放下人們對我擔任塔羅師的看法？

範例

我個人的試金石是力量牌。

問題：當我真實地展現自己時，我會帶給世界什麼樣的個人力量？

牌卡：力量牌和寶劍一

力量：我學會了如何以力量、忠誠和情感來行使權力。我的力量在於思想和心靈的平衡，但我也必須拿起劍。你能帶給我什麼贈禮？

寶劍一：當你運用我時，我會為你的目標添加界限、智慧和清晰的溝通。透過我，你學會說出你的真相。我為你的力量世界增添了精確度，獅子的牙齒固然是兇猛的東西，但我的力量存在於冷靜的權衡之中。請用謹慎、細心的方式揮舞我。

輪到你了！

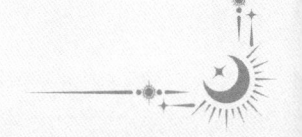

Chapter 2
如何成為優秀的解牌者？

　　當我們開始為他人占卜時，會發生巨大的、根本性的轉變。我們從訊息的接受者變成了訊息的傳遞者。可以這麼說，一旦扮演了這個主動的角色，你就能窺探背後的祕密。為他人解讀塔羅牌確實需要一套與自己解讀塔羅牌不同的技巧，而你運用這些技能的程度將決定你成為什麼類型的解牌者。

　　我發現，無論解牌者處於塔羅實踐的哪個階段，都需要具備三個基本面向才能成為優秀的塔羅師。事實上，我從塔羅師那裡聽到的各種挑戰常與以下三點有關：應對批評、以同理心參與以及保持健康的界限。這三項技能會定義、協助並賦予我們作為解牌者的力量，同時為問卜者提供最佳的體驗。

給占卜者的小提示

你不需要成為近乎完美的精神導師，也能是一名優秀的占卜者。即使你的愛情生活一團糟，你仍然可以提供很好的愛情占卜；即便在你的工作不保時，仍可以提供有用的工作建議。你身為一個人的完美程度與你身為解牌者的技能沒有任何關係。

☾ 應對批評

我仍記得第一次在公開場合進行塔羅占卜的情景，就好像昨天才發生一樣，難以忘懷。我很幸運能在我家附近的社區借用兩棟房子，房子的主人都是活躍於當地變裝皇后圈的男子，他們是派對專家。

其中一位男子送給我第一副塔羅牌，正是這兩個人邀請我在他們的萬聖節維克多／維多利亞派對上解讀塔羅牌。當時的我還年輕，沒什麼會讓我覺得不自在。我打扮好並前往那裡，發現有一張可愛的小桌子正等著我。我記得自己花了好幾個小時在桌邊為各式各樣的人解牌：華麗的女王、英俊的國王、各行各業的男人和女人。大人們給了我一整天的時間！我感覺自己很重要，並且被聆聽。各位，我宣告登場！

Chapter 2 如何成為優秀的解牌者？

　　我確定自己在那晚犯了很多錯誤，例如有些解牌時間太長，有些解牌時間太短。我確信自己在解牌時一直被牌卡困住，但從沒有人讓我感到難過或對我感到沮喪。事實上，每個人都衷心鼓勵我堅持下去，這無疑是一次完美的「塔羅出櫃」經驗。這段體驗深深影響了我如今的解牌方式，直到幾十年後仍舊如此。

　　雖然不是每個人都有當地的變裝皇后小隊為我們加油，但我們每個人都有自己的「出櫃」故事。也許你正在考慮如何公開，但對其他人來說，它已然發生。無論這些故事是愉快還是緊張的，你的「塔羅出櫃」經驗對於塑造你成為什麼樣的塔羅師起著關鍵作用。

　　對某些解牌者來說，公開可能很困難。也許你生活在一個對塔羅牌持悲觀態度的社群或原生家庭，或是你的職業會因為被人知道你抽了幾張牌就為你帶來許多煩惱。這種情況肯定會讓占卜更加困難，因為公開可能會帶來嚴重後果。

　　就我個人而言，當我選擇以占卜作為職業時，我經歷了最困難的時期。我害怕我的老同事和工作夥伴會發現，擔心他們會認為我不聰明或頭殼壞掉。這對我來說很煎熬，因為我非常渴望被視為是個有能力的人。想到我的智力、價值和作為一個人的尊嚴可能會因為我解讀塔羅牌而急劇下降，這讓我感到十

分沮喪。

然而，我要很高興地分享，大部分的擔憂從未成真。塔羅牌在我生活中扮演的角色使我的生活變得更好、更光明、更明智且更完整。我可以與其他理解的人（就像你！）分享這一點，然而這些恐懼會阻礙我們過想要的生活。因此，成為優秀塔羅師的第一步就是弄清楚如何處理評判和批評。

我們通常會根據內心深處根深蒂固的創傷處理方式來回應批評。有一些人會**戰鬥**：戰士們會反擊並且不害怕對抗；另一些人則會選擇**逃避**，寧願只在他們知道會有人接受的地方解牌，或完全避免任何不舒服的感覺。那些對創傷是**僵直**反應的人可能會完全停止解牌，而那些採取**討好**方式的人會千方百計讓每個人都開心。大多數人都會特別強烈傾向於某一種反應，但所有反應都可能存在。當面對批評時，我們可以改變自己的反應，用健康的方式取代創傷習得的反應。

以下活動可能有助於你改變觸發反應。請從你的塔羅牌中抽出四位騎士，將他們轉過來，使他們逆位、頭朝下。每個逆位騎士都對應一種創傷反應：

- ✦ 權杖騎士 ＝ 逃跑
- ✦ 寶劍騎士 ＝ 戰鬥
- ✦ 聖杯騎士 ＝ 討好

Chapter 2　如何成為優秀的解牌者？

✦ 錢幣騎士 ＝僵直

思考一下你最常發生的觸發反應,並將該騎士牌放到一邊。接下來,從你的牌堆中只抽出宮廷牌,並將剩餘的三張騎士牌加入這堆牌。現在,想想你自己的觸發反應:你的騎士逆位了。問問自己:有哪些宮廷牌可以幫助這位騎士做出更健康的反應?如果你對宮廷牌不太熟悉,請觀看每張宮廷牌的圖像,然後選擇一張讓你感到輕鬆或安全的牌卡;也可以洗牌並隨機抽出一張。如何選擇宮廷牌的決定在於你。

宮廷牌代表了你需要整合的健康面向。也就是說,這個健康的部分可以充當煞車,用來減緩觸發你情緒反應的那個失控騎士。這裡有一個例子:

錢幣騎士(逆位)、寶劍侍者

　　假設我是那種一被觸發就會僵住的人，無論我怎麼告訴自己該做什麼，我就是無法行動。我陷入困境，似乎無法前進，就像一隻縮頭烏龜。

　　我選擇寶劍侍者作為健康面，因為對我來說，這個侍者代表好奇心。我無法強迫自己走出外殼，但我可以利用好奇心的力量來激發我的正面情緒，並幫助我在情勢中保有自由意志。當我好奇時，我會透過觀察當前情勢的事實來避免進入判斷模式，同時問自己：「為什麼會這樣？」

　　藉由提醒自己與生俱來的健康面有助於降低觸發反應的程度，它也支持著我們感到不安全的部分，知道自己是被愛的。你甚至可以這樣對自己說：「謝謝你，逆位騎士，這麼努力保護著我。但我可以的；你可以放鬆。瞧，我們還有侍者，他也會幫助我們。」

　　如果我們試圖壓抑創傷反應，或因為擁有這個反應而對自己生氣，創傷反應就永遠不會消失。唯一前進的方式就是愛著它。只有當這些面向感到安全、得到關心時，它們才會開始消散。處理觸發反應只是故事的一半，另一半是如何處理最初觸發我們的訊息。首先，我們來看看這些批評是否有道理。如果確實如此，可以考慮如何改進，讓提出批評的人受益，或者探索未來如何讓自己變得更好，以造福他人。一個很好的問題是

問自己：「我實際上應該對什麼負責？」

接受人們對你解讀塔羅的評價或批評從來都不是一件容易的事。你面臨著一項極大的挑戰：既要看到什麼是你需要解決的，同時又不陷入防禦心態；承認什麼是你需要處理的，同時忽略偏頗的意見，並接納那些可能無法理解你的問卜者。但我相信你在這裡閱讀這篇文章是因為宇宙向你發出邀請。我們這些被選中從事這項工作的人，並不是因為我們喜歡容易的事情。事實上，我們被召喚來從事這項工作，因為我們是助人者，正如人們所說，「尋找那些幫助者」，而我正看著你呢！

☾ 練習同理心

讓我說明一個重要的差異。同理心（Empathy）是一種技能，與共感者（empath）不同。（我知道這很令人困惑，因為這些詞彙是如此相似。）共感者是能夠感受到他人情緒的人，這種能力表現出一種超感官的敏銳度，共感者吸收並感受到他人的感覺。

共感者通常很難學會如何在他人情緒和自己情緒之間建立距離。身為塔羅師，作為共感者可能會讓你的工作變得更加困難，因為承擔問卜者的情緒可能會影響占卜。根據我的經驗

（稍後將在本章討論），強烈的情緒會阻礙解牌的清晰度。在為他人占卜時，共感者需要大量的接地、防護和訓練，以充分發揮他們的天賦。如果你也遇到這個問題，我會提供一些資源來幫助你。

相較之下，同理心是一個人設身處地為他人著想的能力。這是一種認知技能，部分是遺傳的，但也可以透過訓練來培養。同理心讓我們能夠想像別人正在經歷什麼，並感受到別人的感受，但不會承受他們的感受本身。有了同理心，你就會**感受到**某人的情緒；身為共感者，你則會覺得**如同**他人那樣感受。兩者看起來相似，但差異卻很大。

「同理心」和「共感者」不是可以互換的術語，事實上，成為共感者並不能保證擁有同理心。我遇過一位塔羅師這樣說：「當她來占卜時，我感受到恐懼和深深的沮喪。我感受到自殺的念頭，非常強烈。我真的無法承受她的能量。」毫無疑問，這位塔羅師是一位共感者，但問題在於，重點不再是她與問卜者互動後的感受，而變成了她自身的情緒和反應，如此一來，焦點就從問卜者轉移到解讀者自己身上。

如果同一位問卜者遇到正在練習同理心的塔羅師，她可能會說：「我的問卜者低著頭，拖著腳步走進來。顯然她正深陷痛苦中。她告訴我她的經濟困難，我可以想像她和她的家人有

Chapter 2　如何成為優秀的解牌者？

多辛苦。一想到她的處境，我的胃就揪在一起。」

練習同理心是優秀塔羅師的必備技能。事實上，同理心可以從根本上決定解讀的成敗。即使你還不太擅長使用牌卡，練習對問卜者的同理心也能彌補這一點。每個人都希望被看見和理解。身為塔羅師，你的角色之一就是透過你的存在和行為向問卜者表明：你看到他們、理解他們了。

為了證明我的觀點，我最近收集了多年來問卜者的回饋，看看他們對我的評價以及他們的經歷是否有任何共同點。我驚訝地發現他們其實很少談論解牌有多麼熟練、多麼準確、甚至多麼有幫助；他們最常談論的是與我共度時光的**感受**。這是一個明顯的啟示。

給占卜者的小提示

感受不會告訴我們進行的占卜有多精準或多熟練；感受告訴我們如何**提供**占卜。問卜者不會記住每一個內容細節，但他們會記住他們的**感受**。

當你打算進行占卜練習時，請思考你希望問卜者擁有什麼樣的感受。你最希望問卜者與你一起體驗什麼？與問卜者一起進行時，你處在「無論如何都要說出真相」和「無論如何都要

讓人感覺良好」光譜之間的哪個位置呢？

想和我一起做點同理心練習嗎？從抽一張牌開始，選擇一張消極或困難的牌，可以明顯看出圖像中的人物正在經歷困難。拿起這張牌並查看圖像。這個人到底怎麼了？他有什麼感受？他需要什麼？解牌對他有何幫助？你會如何幫助他？

現在瀏覽其餘的牌卡，並選擇一張看起來有幫助的牌。想像這張有幫助的牌對那個人發揮了作用。最後，尋找最後一張牌卡，顯示這個人因這張牌的幫助而處於更好的狀態。他現在看起來如何？感覺如何？你是如何幫助他到達更好的地方？舉個例子，我選擇錢幣四作為需要幫助的人，並選擇聖杯六作為幫助牌，然後選擇戰車作為他處在更好狀態的牌。

錢幣四、聖杯六、戰車

錢幣四：圖像中的人看起來很孤立。他們可能會充滿防備心，無法信任任何人。也許他們曾受到虐待，導致現在覺得世界是個不安全的地方。他們看起來被困在這個地方，試圖抓住他們所擁有的事物。也許他們需要占卜來為自己帶來希望，提醒自己世界也充滿了美好。

聖杯六：這張牌顯示一個人對另一個人做出奉獻，整個場景給人一種溫柔、善良且樂於助人的感覺。也許這個人的出現是為了提醒受傷的人：他們值得被照顧，接受幫助和支持是可以的。

戰車：在這種支持下，這個人發現自己能夠放棄對這些硬幣的執著。他們不再感到陷入困境，而是變得開放、堅強，並朝著新方向前進，專注於他們要去的地方，而不是過去已然發生的事情。

同理心是優秀占卜者脫穎而出的關鍵技能之一，能夠為問卜者提供情感支持是一種服務行為。同理心使得解牌以問卜者為中心，每一刻都圍繞著他們。同理心是幫助我們「走出個人角色」並將信使的角色發揮得更好的關鍵要素。同理心並不是為了讓解牌內容看起來不錯、讓詢問者感到高興而對解牌內容進行粉飾，而是確保問卜者感覺被關心，無論這是十分鐘的解讀還是長達一小時的會談。

☾ 尊重界限

優秀塔羅師所需的第三個重要技能就是建立界限。塔羅師大部分遇到的痛苦或困惑，往往來自與問卜者或與自己之間缺乏界限所造成的。建立界限的工作至關重要，但對身為解牌者的我們來說往往難以執行。

塔羅師通常是那種希望以某種方式讓世界變得更美好的人。你此生遇過最友善的人可能就是塔羅師；他們的關懷能力是如此巨大！這種關愛的天性是這個世界不可思議的贈禮。然而，給予者和照顧者常常會在設立和執行界限時遇到困難，這感覺很見外。我的意思是，我們要如何在拒絕的同時又能照顧某人？塔羅師常常覺得這不自然。

這種認知失調的原因在於，許多被塔羅牌吸引的人，通常也是從家庭和社會中學到自己的價值只源自於自身奉獻能力的人。因此，如果塔羅師劃定界限，他們會覺得自己沒有給予；如果他們沒有給予，也許他們就不值得這麼多。對許多人來說，劃定界限會觸發最深層信念的核心，這確實是一道難題。

建立界限也很困難，因為我們可能害怕令別人生氣或傷害他們的感情。我們可能會希望他們心領神會並採取相應的行動，但這很少奏效；相反地，我們需要用自己的話表達。我們

Chapter 2 如何成為優秀的解牌者？

需要清楚溝通自己的需求,如果他們做出負面回應,我們要尊重自己的界限:**他們的反應不是我們的責任**。這確實不容易。但是,為了確保你在尊重他人的同時,遵循自己的價值觀和真理生活,劃分界限是絕對必要的,儘管這可能很困難。確實,在某些方面,當個受氣包會更加容易,但這只是另一種困難,不是嗎?

這個主題讓我想起在寫這本書時曾發生的一件事。我在一個公共場合進行了畫廊式解牌(用麥克風為觀眾解牌)。活動剛開始時,我告訴大家我不會解讀有關死亡、離婚或疾病的題目,但其他一切都可以。出席者把他們的問題寫在紙條上,然後放在我旁邊的玻璃碗裡。活動進展得很順利,直到我收到一張紙條,上面寫著:「我爸爸在我媽媽還很年輕的時候就離開她了。我現在正值我媽媽離婚時的年齡。那麼,我丈夫什麼時候會跟我離婚呢?」

我無法將這個問題公開解讀,所以我不得不(盡我所能且富有同情心地)告訴她我無法回答這個問題。我問她是否還有其他問題想問,她表示沒有。我請她在活動結束後來找我,好讓我們晚點可以好好聊聊。

她沒有在活動結束後來找我,而是坐在她的位子上,用目光向我射出匕首,選擇不參與我提供的空間。我在那個小鎮仍

然偶爾會看到她,每次都會收到充滿攻擊的目光。說實話,這並不有趣。年輕的我會將她的反應視為對我身為解牌者的控訴。我會痛打自己,想知道是否有更好的方法來處理這種情況,並沉浸在她對我的厭惡裡。然而,由於我致力於建立界限、培養同理心和管理對批評的反應,我能夠更健康地處理這種情況。我能理解她的反應來自於深深的痛苦,對她來說,我的界限可能感覺像是公開的拒絕。我敢打賭我們的互動觸發了她內心某些東西,加劇她的憤怒。但是,這並不代表我的界限是錯的,也並不意味著我不好。這只是代表她採取負面反應,而她的反應不是我的責任。我可以保持自己的界限,同時同情她的痛苦,並拒絕隨之而來的批評。請為我歡呼!

你的界限只屬於你,而且是神聖的。它們對你來說獨一無二,你不需要向任何人解釋。你甚至可能不知道自己有一個界限,直到它被跨越。隨著你的占卜變得更加公開,你將會遇到一些情況,這些情況將成為你練習劃清界限的課題。

最近我去採購洋裝,當店員幫我結帳時,我說我正在尋找一套適合工作時穿著的特定款式。她詢問我的工作,我告訴她:「我是一名專業的直覺工作者。」她毫不猶豫地問:「那妳能在我身上看出什麼嗎?」這個要求連一個「請」字都沒有!

Chapter 2 　如何成為優秀的解牌者？

　　我回答說：「要是我幫妳解讀，妳要給我折扣嗎？」她感到被冒犯，退後一步，但我是認真的。那是我的界限，即使有人知道我是塔羅師，也不意味著我有義務為任何人占卜。

　　回顧這些年來，我不記得有哪件事是讓我打破界限而使自己感覺好一點的。事實上，當我回首往事時，我想抓住自己的手說：「親愛的，要給自己足夠的愛說『不』。」

　　以下是一些我思考過的問題。老實說，我對自己未能遵守界限感到後悔：為什麼我要在晚上十點接聽問卜者的電話？我為什麼要在休息日解牌？為什麼我會答應為「增加曝光度」而工作？為什麼我明知道這是拿石頭砸自己的腳，還要為朋友和她麻煩的男友解牌？為什麼我只是打了一通善意的電話詢問情況，卻讓自己再次進入占卜模式？當我服用新的偏頭痛藥物而幾乎無法抬頭時，為什麼還要同意為某個人占卜？

　　你真正應該負責什麼？身為塔羅師，你對自己和他人有什麼承諾？以下是一些可以幫助你在使用塔羅時維持界限的建議。如果閱讀這些建議讓你感到不舒服或擔心，那麼這正是你需要在自我關愛中更常說「不」的領域。

☀ 塔羅師的共同界限

身為一名塔羅師，你沒有義務：

- ✦ 告訴人們你會讀塔羅牌，即便他們主動問起。
- ✦ 證明自己或通過他人的「測試」來展示你的技巧和能力。
- ✦ 你明明使用的是不同方法，卻按照**對方**希望你做的方式解牌。
- ✦ 只是因為某人知道你會塔羅牌而為對方解牌。
- ✦ 為每一個問題和情況解讀塔羅牌。
- ✦ 為了讓某人感覺好一點而使用塔羅牌。
- ✦ 讓對方隨時隨地、想要的時候就為他們解牌。
- ✦ 在你不想解牌的時候卻勉強自己解牌。
- ✦ 為了增加曝光而解牌。
- ✦ 因為問卜者想要知道更多而超出你原定的時間解牌。
- ✦ 解決某人的問題。
- ✦ 保證100%準確或100%清晰。
- ✦ 改變（或補充）解牌內容以取悅問卜者。

當我們不尊重自己的界限時，就會產生怨恨；當我們心懷怨恨時，就會阻礙占卜。當我們以犧牲自己的幸福為代價

Chapter 2 　如何成為優秀的解牌者？

去做一些讓別人快樂的事情時，就會降低成為最佳塔羅師的能力。

　　界限的其中一個關鍵在於我們設定界限時要能夠控管自己的內疚感。幸運的是，我們有一個很棒的工具（事實上是 78 個工具）可以幫助我們療癒與內疚的關係，這樣它就不再影響我們設立界限。瀏覽你的牌組，並選擇一張讓你感覺像是義務的牌。如果你對塔羅牌還不熟悉，只需選擇一個感覺合適的圖像即可。這裡我選擇了權杖十：

權杖十

　　當你看著你的義務牌時，我邀請你感受內疚的情緒，問問自己這種愧疚感從何而來，腦海中浮現的第一個記憶是什麼？選擇一張牌卡作為代表。對我來說，那是錢幣五：

錢幣五

當你想著這張代表深層記憶或信念的牌卡時（對我來說，錢幣五代表一種潛在的信念，也就是「如果我沒有為每個人做所有事情，那麼也許我就不那麼有價值或不被接納」），想想這張牌需要什麼才能被療癒。為此，我選擇了聖杯一，也就是愛之牌。

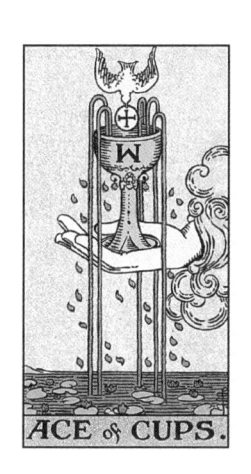

聖杯一

　　看著這些牌，我明白當我能夠先裝滿自己的杯子並徹底愛自己時，我唯一需要證明價值的人就是我自己。我想像自己在一個裝滿溫水的大杯子裡游泳，充滿了愛和接納。當我對自己感到滿意時，說「不」的愧疚感就會消失。我不需要向任何人證明自己的價值。

　　妥善控管批評、對他人抱持同理心以及保持界限的技巧是自信解牌的基礎（當然也要好好解牌）。信心就像一個回饋循環，只會增強和提高我們身為解牌者的技能，同時也能讓你以善良和有效的方式為問卜者服務。自信是智慧在行動中的外在顯現。當你擁有自信時，你的占卜也會反映出這種清晰度。

活動

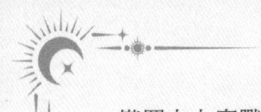

練習同理心

同理心是一種稀有的技能,通常人們不會被教導。好消息是它可以學習的,如果你做得很好,解牌技能將會得到莫大助益。你可以從以下四個簡單步驟開始:

第一步:帶著好奇心去聆聽

當你的問卜者正在談論他們為什麼想要解牌時,請全神貫注,同時透過後續提問表明你關心他們和他們的處境。觀察他們的肢體語言或整體氛圍,你從這個人身上感受到什麼情緒?想像一下,如果你處於他們的立場,會有什麼感覺?並讓他們知道你是在意他們的。此時不要提供建議,因為你正在提供他們情感支持,這是一件**重要**的事。

第二步:驗證他們的情緒

透過表明他們的感受是合理的,可以讓你與某個人的關係走得更遠。這並不等於同意他們的**觀點**或告訴對方他們是對的,而是讓他們知道你理解他們的感受。當你在聆聽的時候,選擇看起來特別重要的情緒並點出它。

✷ 第三步：進行解牌

現在退一步，讓塔羅牌做它該做的事。解牌者會知道該說什麼，問卜者也更能對占卜保持開放，因為你已經在解牌前做好準備工作，幫助他們感到被傾聽且安全。切勿粉飾解牌內容，也就是說，不要讓它聽起來比實際情況更正面。粉飾解牌是一種互相依賴行為——試圖將某人與讓他們感覺不好的解牌結果隔開。當我們這樣做時，就不再是純粹的訊息傳遞者。

✷ 第四步：總結訊息時再次驗證他們的感受

再次向他們表明你理解他們的感受。感謝他們的分享，以此來認可他們坦承脆弱的勇氣。

本章的活動是想像為四種不同的人解牌，並使用四步驟方法為他們進行具同理心的解牌。根據你的技能程度使用牌陣。如果你是新手，請抽一張牌；如果你已經熟練，請抽三張牌。以下是想像的情境：

1. 朋友或親密的家人失業了，他們何時才能找到新工作？
2. 鄰居的伴侶因酒駕被逮捕，判刑會不會很嚴重？
3. 一個曾欺凌過你（你非常不喜歡甚至害怕）的家庭成員陷入嚴重的財務困難。他們會失去房子嗎？
4. 你最好的朋友正在對伴侶（而你也喜歡這個人）不忠。他們的婚姻還能挽救嗎？

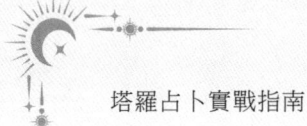

範例

問卜者：「我在網路上隨意閒晃，沒想到六個月後，我發現自己和一個從未見過面的人發生了情感外遇。我不敢相信自己竟然會做出這種事。更糟糕的是，我男朋友不知情。」

解牌者：「聽起來你處於一個非常艱難的處境。如果你男友發現了，你覺得會怎麼樣？」

問卜者：「我不知道！我很害怕他會發現。我非常愛他，但自從他去另一個州工作後，我一直很孤單。我並不是故意要迷戀網路上的陌生人。」

解牌者：「我完全明白，孤單很容易讓我們做出原本不會做的事情，這種事確實會發生！在這種情況下，對你來說現在最重要的問題是什麼？」

問卜者：「嗯，我知道我想結束這段情感外遇。我想告訴我男朋友這件事，但我害怕如果我告訴他，他會跟我分手。所以，我想我們可以問，『如果我告訴男朋友情感外遇的事情，情況會如何？』」

解牌者抽出三張牌：

Chapter 2 如何成為優秀的解牌者？

聖杯五、錢幣二、權杖三

解牌者：「他會在情感上受到很大的傷害。老實說，一開始看起來不太樂觀。聖杯五表示悲傷，但錢幣二似乎顯示你們之間的關係還沒結束。當你繼續應對這項挑戰時，你們會經歷一段波動期。最後，權杖三通常與新機會有關。這預示著你們之間的裂痕是有可能修復的，但這需要花費大量的時間和精力。」

問卜者：「好吧，所以情況沒有我想像的那麼糟？」

解牌者：「這個嘛，蠻糟糕的。聖杯五意味著：比起在一起，你們兩個離分手更近。但故事不一定就此結束。我知道你對所發生的事情感到很難過，這意味著你關心你的男朋友且不想傷害他。當你告訴他時，這是一個很好的出發點，你明

白嗎？」

問卜者：「是的，妳說得對。這次解讀結束後，我需要和他談談。」

解牌者：「我知道這對你來說有多麼困難，而你會去做這件困難的事情，因為你非常關心他。很感謝你和我一起梳理這個情況。現在，你想做一個後續解牌，詢問『我應該如何用最好的方式對男朋友坦白我情感外遇的事』嗎？這個建議對你的下一步該怎麼做可能會非常有用。」

問卜者：「這聽起來很棒。謝謝妳。」

Chapter 3
是的，
你有超感知感應

多年前，我住在鎮上較為偏僻的一間公寓裡。在那裡安穩無事地住了一年後，我開始感到被監視，這種強烈的感覺揮之不去，總是覺得不安全，但沒有任何明顯的理由來說明為何我感到如此不舒服。我沒有看到有誰在監視我或我的住處，但這讓我非常不安，所以我打電話給警察，告訴他們我覺得我的家被竊賊盯上了。他們說會加強巡邏這個區域。

兩天後，我下班回家，雖然說不上來，但我就是知道有事發生了。我沒有伸手去拿鑰匙開鎖，而是輕推了一下門，結果門就打開了。一打開，我發現門是被鐵撬撬開的。我走進去，看到我家被徹底摧毀。書本被從書架上丟下來、床墊從彈簧床上被推落。他們徹底翻箱倒櫃，拿走我祖母的戒指、我的電子設備以及任何有價值的東西。這太可怕了，我驚慌失措，跑出公寓報警。

我的超感知（psychic）能力在幾天前就開始發揮作用，

試圖保護我的安全。這是超感知能力（靈通力）的第一條法則：它們是為了生存而演化出來的適應能力。在犯罪故事中，人們突然聽到聲音或看到幻象，並及時挽救了自己的生命。這就是他們的超感知在發揮作用。私下詢問大多數人時，他們會告訴你他們無法解釋的經驗。某種程度上，我們所有人都擁有超感官知覺，而這是一種可以被訓練和強化的技能。

雖然有很多塔羅師沒有超感知的能力，但我猜擁有這種能力的人其實非常多。如果你覺得自己不想成為通靈者或對此沒有興趣，請跳過本章；但如果你知道自己是這樣的人，也許我可以幫助你更好地定義、加強和集中注意力，同時擺脫那些對你沒有用或感覺不合適的東西。

☾ 關於超感知的誤解

首先，我們必須打破關於超感知的常見誤解。這些都是需要理解的重要事情，因為人們會對你做出假設，並抱持不切實際的期望。在眾多誤解中，以下是我最常遇到的：

✹ 超感知不是一種生活方式的選擇

如果你上網查找，會發現有一些文章試圖將感應能力與某種「乾淨」的生活方式聯繫起來。這不是真的。你不需要喝

由當地蜂蜜製成、注入水晶的康普茶,也不需要每天都做瑜伽;你不需要冥想或祈禱,也不需要每個滿月都去祭壇。事實上,我所認識的一些優秀的超感知者都是會抽菸、喝威士忌的人。超感知只是一種能力,也不一定要與精神信仰連結在一起。你可以是無神論者,但同時具有超感知的能力。

☀ 超感知能力是道德中立的

成為一個好人並不代表你會成為更好的超感知者。你可以是一個糟糕但仍有感應能力的人。事實上,有些騙子擁有驚人的感應能力,他們利用自己的直覺技能讓對方大吃一驚,然後開始布下騙局。他們可以看出你有三個孩子,並要你花500美元買一根蠟燭來解除你身上的詛咒。因為他們所說的第一部分正確,許多人會相信第二部分也是正確的。儘管我希望這是真的,但超感知並非只賦予給值得的人。就像算代數、唱歌或運動一樣,超感知是一種與人格或道德無關的技能。

☀ 超感知不代表讀心術

身為一名超感知者,我會得到印象、名字、類似影片的訊息,以及一種「知道」的感覺。這和讀取別人的心思不一樣,我不知道你在想什麼。當我們見面時,你的生活檔案、甚

至最小的細節,都沒有載入到我的腦海中。

☀ 就像其他感官一樣,通靈是一種選擇性聚焦技能

我的超感知是有選擇性的,這代表在大部分的時間裡,我必須主動關注才能使用它。有時,當某些事情特別危險或需要被知道時,我會獲得訊息(例如我的房子被闖入),但它通常只在意識下運作。我們的大腦會不斷過濾訊息,在我們意識到之前就判定哪些是相關的、哪些是不相關的。進入大腦的原始訊息中,我們只注意到大約 10% 的訊息。大腦非常擅長決定專注於什麼,包括超感知的訊息。

給占卜者的小提示

向你的問卜者清楚傳達超感知對你來說意味著什麼,而不是他們認為超感知應該是什麼。最終,是你來決定是否使用「通靈力」(因為它是一個含義強烈的詞語)還是「直覺」,或根本不使用任何術語。也許你會保留你的心靈技能祕密,告訴問卜者這只是牌卡的訊息。答案沒有對錯,隨著你愈深入塔羅技巧,你的方法可能會有所改變。不管如何,這都是可以的!

Chapter 3　是的，你有超感知感應

☾ 超感知是什麼感覺？

現在我們已經討論了現實中超感知的經驗，讓我們換個話題，探索超感知的真正意義和感覺。一旦你開始識別超感知來臨的時刻，你就更容易區分哪些來自非尋常來源，哪些只是單純的猜測。我為超感知創造了一個小縮寫：FUMI——快速（Fast）、不帶感情（Unemotional）、多重印象（Multiple Impressions）。

☀ 快速

如果你曾在電視上或親臨現場看到通靈師或靈媒運用能力，可能會注意到他們的語速通常很快，這是因為感應通常來得很迅速，訣竅是在失去之前抓住最初的靈感。如果不迅速捕捉，印象就會消失。

我用「魚與波浪」來比喻這種現象。你的靈感就像是那條在海浪邊緣快速游動的小魚。你的工作就是在（由邏輯、反對、判斷和不安全感組成的）海嘯襲來之前彎腰撿起那條魚。一旦波浪襲來，魚就會消失。由於你接受過邏輯且有憑有據的思考訓練，最初很難對這種憑直覺產生的內容抱持信心，但你可以透過一些方法重新訓練你的大腦去辨識並強化靈感。

訓練思維最有效的方法之一就是即興發揮。沒錯，即興發

揮！現場即興表演課程迫使你學習如何抓住腦海中第一個出現的想法並運用它。你沒有時間思考、過度思考或策劃不同的因應策略。這是一套令人驚嘆的技能，能增強你聆聽和傳達印象的能力。除了即興創作之外，任何迫使你快速思考的遊戲也會有所幫助，例如「有口難言」（Taboo）甚至是「猜猜畫畫」（Pictionary）。自動書寫也是一種可以幫助你學會在不經過判斷或改變的情況下傳遞靈感的技巧。

給占卜者的小提示

我的第一本書《塔羅牌伴你旅行》（*Have Tarot Will Travel*，暫譯）是關於如何以專業人士的身分在特殊節日場合進行塔羅解讀，這並非偶然。接案工作迫使塔羅師一個接一個地快速吐出感應到的印象；時間限制迫使你接受快速的靈感衝擊。我相信，一個在幾個月內參加過五次活動的解牌者會比那些多年來只透過電子郵件解牌的解牌者更能成為一位強大的塔羅師。即使你不是專業塔羅師，也可以為朋友和家人重現這樣的情境。當你和問卜者只有十分鐘的時間時，你就沒有時間去想任何事；過度思考就像海嘯，是心靈感應的敵人。

☀ 不帶感情

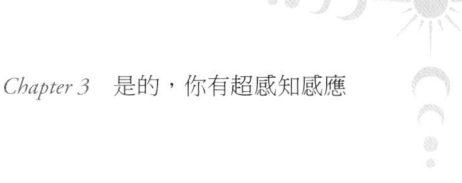

好,我先說:如果你充滿同理心,這可能不適用你。但一般來說,感應印象往往缺乏情感。那些強而有力的洞見(例如「他患有癌症」)的聲音很大,迫使我脫口而出,但並不伴隨著恐懼或擔憂,它只是一則訊息。我可能在這之後會有情緒反應,但這種情緒是針對所傳遞訊息的反應。

有時你會感覺到有些事不對勁,也會在情緒上感到不舒服。那種「我對此有一種奇妙的感覺」通常是直覺(潛意識在試圖表達自己),這是完全正確的,你應該相信它。然而,有時這可能只是你的擔憂或焦慮,並沒有任何根據。你訓練得愈多,就愈容易區分這兩者。

☀ 多重感知

我最討厭的事情之一就是過度認同自己是哪種類型的「超人」。你是靈聽者嗎?還是靈視者呢?或許你有靈感知力?靈通力雖然非常自然,但不像其他五種感官那樣完全運作,然而我們似乎總是想將這種能力硬塞到五個插槽中的任何一個。如果你認為自己只是其中一種類型,可能就會忽略透過另一種方式傳遞的訊息。隨著你的能力轉變與成長,它對你的作用也會隨之增強。

例如，有沒有「靈識字」這種東西？當感應來襲時，我有時會看到一隻看不見的手在空中寫下一個字，字體和顏色可能會根據訊息的語氣或感覺而改變。例如，我請一位問卜者坐下來解牌，當她一坐下，我就對她的女兒產生了一種感覺，並看到用明亮的紅色字母寫著「車禍」。我請她立即打電話給女兒，她照做了。她的女兒剛遭遇一場連環車禍，但狀況還好，仍可以接電話。

有時候我得到的是靜態的影像，或是一個簡短的十秒影片片段。我不常會聞到氣味，但當這種情況發生時真的很有趣！通常我就只是突然得知一些事實；沒有相關的影像、聲音或文字。有時候，我會聽到一個聲音喊我的名字或是問卜者的名字。

儘管我沒有明確地將自己貼上寵物溝通師、靈媒、醫療直覺者（Medical Intutive）或能夠進行接觸感應（觸摸物品並獲得感應）這類標籤，但這些都是我有能力做到的事情，而且可以進一步增強或保持原狀。（你應該看看那名女子的表情，當她父親的畢業戒指讓我驚呼「威廉」這個名字時，我和她一樣驚訝！）

Chapter 3 是的,你有超感知感應

> **給占卜者的小提示**
>
> 　　不要太擔心你是哪種類型的靈通力者,請更專注於感知你所獲得的訊息並更好地傳達它。當你變得更強時,你會對自己的能力感到驚訝。

　　各位,這就是要領!根據我的經驗,解釋感應現象相對容易理解,但實踐上卻很困難。我們的直覺有無數次在出現時被忽略,而這種與生俱來的感覺是完全正確的。不過,如果我們能記住「FUMI」——感應是快速的(最好抓住它們)、不帶感情色彩的(這只是訊息的傳遞),並且能透過多重感知的形式傳達(對獲取各種訊息的方式持開放態度)——我們就可以與這些靈感共處。

　　接收感應只是成功的一半,因為身為解牌者,你有兩種模式:輸入(接收訊息)和輸出(傳遞訊息)。現在,輸入和輸出之間可能會發生很多事情,進而使情況變得混亂。我們最不想做的事情就是像希臘神話中的預言祭司卡珊卓拉(Cassandra)那樣,她的感應訊息隱晦到沒有人能夠使用它們。這有什麼用呢?接受感應只是艱苦工作的一半,另一半

是我們如何解釋這些訊息，並盡可能以最準確的方式與他人分享。以下是一些關於在獲得這些感應訊息後如何處理的建議。

✹ 描述你所見

我們可能會收到準確的訊息，但未必有上下脈絡來理解它的含義。當我們不瞭解具體細節時，可能會嘗試填補空白，這完全是正常的人類行為。不過，推測很有可能帶來危險，因此當你從感應模式切換到邏輯模式時，希望你能向你的問卜者釐清細節。

例如，幾年前，我的岳父罹患肺癌，已經發展到晚期。那個夏天，我得到了一個強烈的感應。我看見他的養老社區外有很多雪，在那個印象中，我知道他已經過世了。我告訴我的丈夫，我們大約還有六個月的時間（我認為他的父親應該可以活到二月或三月）。但我錯了，岳父在感恩節去世。那年，在他離開的前一晚遭遇了一場不合時節的暴風雪。因此，縱使我的感應是準確的，但我卻得出了錯誤的結論。

僅僅描述一個感覺不完整的感應是很困難的，尤其在為他人解牌時更是如此，因為問卜者想知道的細節往往比我們擁有的還更多。他們可能會要求我們提供更多訊息，在這種壓

力下很難不屈服。因此，只需要描述你所看到的即可，相信自己。

你的問卜者也會試圖透過猜測來填補不明確的地方。但如果他們在答案尚不清楚的情況下急於得出明確的答案，很可能會被牌面的解讀誤導。不要讓問卜者以這種方式提供幫助：「噢，我知道那個聖杯騎士是誰了。他就是我去年約會的那個傢伙。」除非你真的感覺到這一點，否則不要讓他們得出任何結論，即使這樣做對他們來說感覺良好。你可以這樣回答：「也許吧。但因為我沒有完全看到這件事，這也可能代表其他人。讓我們對這種可能性保持開放態度。」

給占卜者的小提示

當被問及更多細節時，請誠實地說你不知道。我們無法控制訊息如何傳遞給我們。儘管你的問卜者可能希望你告訴他們有關未來伴侶的身分證字號、血型和地址，這也並不代表他們會得到這些具體的訊息。運用超感知的能力來解牌可能會很有幫助，但訊息會自然而然地傳遞出來。這就是占卜的本質——我們無法決定答案如何出現。

✹ 不要過濾你得到的訊息

我曾有一些最強烈的感應衝擊是沒有任何邏輯的。我已經學會了直接說出來,儘管聽起來可能很瘋狂。我的工作不是成為傳遞內容的仲裁者,我只是一名信使,一旦我忘記這個事實,我的解牌就會急轉直下。

當我用「聽著,這聽起來可能很瘋狂、完全出乎意料,但是⋯⋯」為開頭時,十之八九是對的。曾有一位四十歲出頭的女士來找我解牌。她身材勻稱,看得出來很注重自己的健康。突然間,我看到她的臀部周圍有煙霧。(我已經學到,當我看到身體某個部位出現煙霧或模糊時,通常表示那個區域有狀況)這對我來說毫無道理,為什麼一個相當年輕的女性會出現臀部問題?

所以,我對她說:「我知道這聽起來可能很離奇,但我一直被提示妳的臀部。妳有什麼已知的狀況嗎?」她的回應驗證了這個印象的準確度:「是的,我是一名馬拉松運動員,髖關節已經磨損,目前已經更換了一邊,我正準備安排更換另一邊。」

如果我讓我的邏輯思維來主導解牌,可能就會跳過這個感應。我已經學會了只管說出我所看到的東西,無論它對我(或他們)是否有意義。如果他們同樣無法立即將這些點連結

起來也沒關係,過些時日可能會逐漸明朗。

☀ 在感覺不佳時解牌

現在,我知道這聽起來違反直覺,但疾病和疲憊有時可以得到靈感。感覺不舒服似乎更容易接受感應。當我們的身體狀況不是在最佳狀態時,實際上可以讓我們的邏輯思維平靜下來,反而更容易捕捉到內心深處的影響。

給占卜者的小提示

試試看在凌晨三點解牌,看看會發生什麼事。

☀ 將塔羅牌和心靈感應連結起來

早在我學習塔羅牌之前,我就已經擁有感應能力了。事實上,我曾經很努力讓自己接受這個能力,並將它與塔羅牌結合起來。我花了相當長的時間和努力,才能同時從牌卡中獲得感應,一旦它們交織在一起時(我找不到更好的詞彙),它便成為我獲取資訊的另一種途徑。

☀ 使用柔焦的技巧

對於直覺解牌者來說,再怎麼強調柔和聚焦的重要性都不嫌誇張。假設我們收到一個問題並開始擺牌,在一般狀況下,我們會立即拼湊訊息,這就是我所謂的「硬性對焦」,但是當我們的焦點愈集中,視野就會愈狹窄。柔焦是一門讓你的餘光接管主導地位、並讓目光變得柔和的藝術。有了柔焦,我們的視野就更寬廣,它更像是一種溫和的覺察,而不是掃描。

我意識到這個技巧是在我開始學習如何在森林中尋找蘑菇和野生食材時。我注意到,在樹林裡集中注意力沒有什麼幫助,有太多的東西要看。但是,當我不再那麼努力、讓一種更柔和的目光和覺察取代時,我反而更成功地發現目標。

因此,當你攤開牌時,請花點時間,盡量不要太用力地看任何東西。有什麼訊息浮現嗎?你是否能以某種方式感受到牌卡之間的訊息?是否有來自塔羅的訊息或真相出現,但你無法準確指出是如何得知的?這通常就是「柔焦」在發揮作用。

☀ 留意你的目光流連之處

我的靈視能力在塔羅牌符號中的應用之一就是:它讓我注意到塔羅牌圖案中我通常不會留意的細節。如果我發現自己聚

Chapter 3 是的，你有超感知感應

焦於牌卡中的某個圖案，通常代表我的靈視力正在使用該象徵讓我的邏輯思維瞭解某些內容。留意到「我在看牌卡時注意到了什麼」是一個基礎技巧，代表我的直覺正在從眾多符號中找出某個特定內容，而這背後的原因通常都很重要。

有段經歷很適合說明這點，有一次，我在一家大型百貨公司開業活動中提供解牌服務。一位年輕女士坐下來問我：「我的男朋友還好嗎？」這是一個再模糊不過的問題。當時我正在使用羅伯特・普萊斯（Robert Place）的煉金術塔羅牌（Alchemical Tarot），這副牌的寶劍八描繪了一隻動物，一條腿被鐐銬鎖住，牠被鏈在地上。我的目光一直被腳鐐吸引，這不是我平常會關注的地方，但我卻無法將目光從腳鐐移開。我知道這個圖像中的符號試圖告訴我一些事。

我不斷地問自己：「你要告訴我什麼？」然後，它就像一道閃電擊中了我。這個年輕人可能被關進監獄。於是我問她：「你的男朋友被監禁了嗎？」

果然，她回答：「是的。」

✺ 建立你的個人字典

超感知者通常擁有一個詞庫，也就是一本內在符號字典，這是靈通力用來與邏輯思維溝通的鑰匙。例如，感應者可能知

道出現在她腦海中的某個人已經去世，因為祂常出現在自己的左側。隨著時間推移，我們開始將塔羅牌中的圖像添加到這個私人詞庫中，而它可能與牌卡的傳統意義毫無關聯。

　　例如，寶劍十對我來說通常是一張「背部手術」牌，而寶劍五則是我「得到工作」的終極象徵。如果你發現適合你的解讀方法與書本上所說的不符，請不要緊張。以我個人來說，我會同時使用直覺以及傳統的標準牌義，在這兩者之間來回切換，以建立一個完整的敘事。為什麼要只選擇一種方法呢？何不使用工具箱中的所有工具呢？

給占卜者的小提示

　　有些人是「無工具的靈通者」，雖然他們的表現令人驚嘆，但那些使用工具或媒介的感應者也同樣出色。你可能會遇到一種令人遺憾但常見的看法，即「感應者不使用工具就能感應，代表他更厲害」，然而，這並不是衡量心靈能力的好標準。更好的衡量標準是在於服務方面：它們是否準確、是否有幫助、是否為一次特殊的體驗？這才是最重要的，無論感應者是如何做到這一點的。所以如果你使用塔羅牌、符文或是撒在地板上的雞骨頭，那都是屬於你的特殊魔法，你和其他人一樣出色！

活動

·᠅᠉ 世界中的塔羅牌 ᠉᠅·

當我們以感應解牌者的角色建立與塔羅牌的關係，或以塔羅師的身分提升感應技能時，就會開始明白塔羅牌不僅僅是一副紙牌而已。塔羅牌比它所代表的靜態象徵更偉大。太陽、月亮、星星——塔羅象徵我們所遇到的世界，但真正厲害的是，它也代表了神祕。塔羅牌是連結現實世界和靈性世界的橋樑，它也可以支持你從非傳統來源接收訊息的能力。

隨著時間推移，你可能會發現自己不需要任何牌卡就能進行塔羅占卜。當你將問題拋向空中時，你會注意到世界中任何圖像都可以成為解讀的一部分。你的詞庫會跳脫牌卡，進入你周圍的世界——這一切都不需要動用你的邏輯思維或費力爭取。

注意存在於你周圍世界的塔羅影像。在接下來一週左右的期間，每天從你的牌組中挑選一張牌，告訴自己你正在尋找這張牌在世界上的例子。它可以是視覺上的，也可以是文字上的。例如，如果你抽到死神牌，你可能不會看到一個戴著兜帽

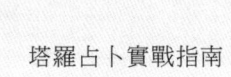

的傢伙（或者你會！）但你可能會發現你的眼睛被這個詞或黑色的東西吸引，它會以奇怪或意想不到的方式出現。

請在每天結束前記錄你的發現。也許你什麼也沒看到，那也沒關係，這並不代表你這次的活動失敗。這項活動的學習目標是讓你意識到何時在努力尋找、抓取、運用自己的邏輯思維，然後放下它。象徵會在需要時出現。你正在訓練自己的思維，使它能夠將任何東西視為獲取訊息的關鍵。

你的生活是一組牌陣

一旦你開始直覺地看到世界中的塔羅，不妨試試看是否可以創造出屬於這一天的三張牌牌陣。向宇宙提出一個問題，例如「我能得到剛剛出價的房子嗎？」，看看這天是否能得到三個圖像作為答案。也許早上你注意到梳妝台上放著零錢，數了數發現有六枚硬幣，錢幣六是你的第一張牌。午餐時，你注意到桌上放著四根筷子。太棒了，這是你的權杖四！最後，你在深夜看了一部關於賽車的電影。你的戰車就在這裡！

雖然這項活動看起來很容易，但執行起來卻非常困難。你必須與自己的天生傾向抗衡，不要使它變成一場邏輯遊戲。請記住 FUMI：快速、不帶感情、多重感知。提出問題並試著在白天忘記它，當答案出現時，你會知道的。

Chapter 4
不走尋常路的塔羅另類指南

　　你認為自己是解牌新手嗎？還是覺得自己有點生疏、需要一點激勵呢？本章就是為你而寫的。如果傳統的塔羅牌學習方法對你不是那麼有用，那麼本章特別適合你。也許你不斷拿起牌卡，但始終掌握不到要領，或者在應用程式上查詢解牌方向，卻感覺比以前更加困惑。

　　當人們對於塔羅似乎有 101 種不同的觀點時，新手解牌者該如何找到自己的方向呢？還有很多無稽之談被流傳下來，人們在傳播這些觀念時，往往不會質疑它們的價值和意義。每當我以為某種信念已經完全消滅和遺忘時，又會發現它突然冒出來。基於某些原因，不好的觀念反而擁有驚人的持久力。以下是你可能聽說過的一些內容：

✦ 你不應該自己購買塔羅牌；它應該是別人送給你的。
✦ 除了你之外，任何人都不能碰你的牌。
✦ 塔羅牌無法回答是或否的問題。

- ✦ 如果你收取解牌費用，你的天賦將會被沒收。
- ✦ 解讀塔羅牌會「打開大門」，讓靈魂／魔鬼等力量利用你。
- ✦ 你只能向塔羅大師學習塔羅牌。
- ✦ 你必須使用牌陣。
- ✦ 你必須使用逆位。若不使用，你就不是「真正的」塔羅師。

哇，在開始之前就有這麼多規則！如果我們全都遵循這些規則，恐怕無法完成任何占卜了。讓我們試試看不同的方法。首先，減輕自己的壓力，不要急於接受規則。別擔心，你不會破壞任何東西。塔羅牌已經存在六百年了；它可以接受你用任何方式來解讀。此外，你對塔羅牌的信念也會隨著你的進化和成長而有所改變，這是非常自然的。

給占卜者的小提示

將你目前學到的所有關於塔羅牌的信念寫在一張清單上。現在，做一次直覺檢查。哪些信念讓你感覺不對勁？哪些信念讓你困擾？哪些對你來說似乎很荒謬？拿一支粗的黑色麥克筆把它們劃掉，直到你看不到它們為止。就這樣，問題就解決了。

Chapter 4 不走尋常路的塔羅另類指南

既然這些行規已經解決了，讓我們繼續學習塔羅牌吧。我在我的塔羅 101 課程上教授的第一件事就是：練習解牌的流暢度必須同時與牌義和技巧一起學習，不應該拖到你記住所有牌義後才開始。我的教學目標是讓你（解牌者）在看到前兩張牌時就開始進行解讀。

當我們一開始就以解讀流暢為目標時，很快就會得到讓我們愉悅且驚喜的回饋，這是非常棒的激勵。我認為流暢性如此重要的另一個原因是：能立即對解牌感到安心，這種安心感可以消除焦慮，而焦慮往往會破壞我們聆聽直覺的能力。

我在中國生活時，透過學習普通話瞭解到流暢度的重要性。我注意到自己學習語言的方式與一些同儕不同，有些人考試表現總是比我好，文法完美無缺，寫作也非常出色。在書寫方面，他們比我學得更好；然而，每當我們出去吃午餐或參觀景點時，我總是說話的那個人，是那個能夠快速理解對話內容並翻譯給其他學生的人。當他們結結巴巴說不出話時，我是那個能夠迅速對話、隨機應變的人。到底發生了什麼事？為什麼他們在寫作方面表現更好，但能在現實生活中實際運用普通話交流的卻是我？

當他們埋頭苦讀、努力背單字時，我則出現在街道上，和店家交談、和公園裡跳舞的可愛老奶奶聊天。當我的朋友害怕

犯錯時，我卻犯了很多錯誤，為西安的人們帶來歡樂。與同窗不同的是，我在學習詞彙和文法的同時也在學習流暢度，就像孩子那樣。

因為我正在學習流暢度，所以能夠更輕鬆地說普通話，即使理論上來講不如同儕們那麼準確。塔羅占卜也是如此。沒錯，你可以在接下來的人生中從學術和神祕的角度學習塔羅牌，深入研究塔羅牌各種傳統所帶來的好處和智慧；但是，我們的重點是盡快為他人占卜，這需要的是流暢度，而不是教科書的準確度。

老實說，問卜者可能不會喜歡聽我們充滿詩意地談論為什麼力量牌和正義牌在大阿爾克那中順序顛倒的優點，以及位置對調後如何更符合魔法系統，他們想知道的是牌卡是否代表他們將得到這份工作。成為一個「以問卜者為中心」的占卜者，意味著我們不要花三十分鐘向他們講解背後的機制；我們要以問卜者為中心解牌，使它變得更易理解。

☾ 簡單六步驟：讓你像達人那樣專業解牌

1. 給每張牌卡賦予一個詞。就這樣。
2. 將牌組依照類型分成多疊。大阿爾克那放一疊、小阿爾克那依照各組（從一到十）分別放在各自花色的牌堆中，然

Chapter 4 不走尋常路的塔羅另類指南

後將所有宮廷牌堆成一疊。你應該會有六疊牌。
3. 馬上開始為他人占卜。
4. 使用至少三張牌解讀。
5. 使用簡潔的問題。
6. 像閱讀圖文小說一樣讀牌。

我的塔羅課程目標是讓人們在打開第一副牌後的一個小時內就能開始解牌。當我們立即著手提升流暢度，將會在過程中逐漸培養能力。這個方法基本上是我稍後要分享的內容之基礎，讓我們一步步展開這個過程。

第一步：賦予單一詞彙的意義

一些直覺性的塔羅占卜者可能不要求學生記住牌卡的任何傳統意義，他們認為直覺應該會填補空白。確實，有許多憑直覺解牌的人沒有依賴任何標準意義或傳統解讀。我的想法是：為什麼要從工具箱中減少一樣工具呢？為什麼不透過兼顧直覺的靈活性和智識的嚴謹性，讓兩者一起運作呢？這樣即使你的直覺沉默了，你依然可以依靠標準牌義，這就是我的方式。我在標準牌義和自己的直覺之間來回遊走。

你不需要瞭解每張牌的所有可能性和歷史含義。只要做得夠多，就能讓別人明白你的重點。例如，在中國我會先學著說

「廁所在哪裡？」以便讓自己習慣說話。後來，我才會說出更複雜的句子，例如「這位好心人，你能告訴我最近的洗手間在哪裡嗎？」如先前所說的，像孩子學習語言一樣。對我而言，解讀塔羅牌和學習語言很相似。

既然我建議只為每張牌卡選定一個詞彙（好吧，如果你一定要的話，可以兩個詞），這樣學習所有七十八張牌卡應該會相對較快。針對新手，我推薦使用「閃卡法」（flash card），這是我學中文的方式。我會拿一疊厚厚的紙卡，在其中一面寫上一個中文字，另一面則寫上拼音（羅馬發音）及英文解釋。我把它們放在口袋裡，在空閒時間把它們拿出來瀏覽。我發現，比起坐下來埋頭苦讀書本，這樣我反而能更輕鬆、更快地學習中文字。

給占卜者的小提示

在便利貼上寫下你認為最適合每張塔羅牌的一個詞彙，然後將便利貼貼在牌卡的背面。使用你的牌組作為閃卡，平常就以瀏覽這些閃卡取代拿起手機。當你確信自己已經記住那張牌時，再將便利貼從牌卡上取下來。

和多數塔羅牌書籍不同的是，你不會在本書中找到塔羅牌

Chapter 4 不走尋常路的塔羅另類指南

牌義索引,甚至找不到我對塔羅牌牌義的具體想法(除了範例)。你可以在其他許多優秀書籍中找到豐富的牌義解析。在為每張牌選擇一個詞彙時,沒有錯誤或正確的方法,不要因此感到壓力!我們不追求準確性;無論如何,現階段還不會。請翻閱其他書籍,並挑選一個能引起你共鳴的詞就好。

第二步:拆分你的牌組

不要試圖一次處理所有七十八張牌,先從大阿爾克那開始,然後再加上小阿爾克那,一次一個花色,最後再加入宮廷牌。不必著急;根據你學習的舒適程度決定進度。不要費心去解逆位牌,現在只需將所有內容以正位解牌即可。有些占卜者從不解讀逆位,這完全沒問題。有趣的是,你的塔羅牌會與你合作,一起揭曉最佳答案或指引——也就是說,塔羅的運作是

給占卜者的小提示

不用擔心將牌組拆分成數部分,你仍然可以用二十一張牌(以及你添加的牌卡)來獲得良好的占卜內容。塔羅牌總能找到方法來傳達訊息。如果你從少量開始逐步增加,你會驚訝地發現塔羅可以透過多種方式回答問題。

由你來決定！不解讀逆位或不遵循其他塔羅準則並不代表你的解讀內容會比別人遜色。如果你之後選擇解讀逆位，那麼你的解讀也會隨之改變，將逆位含義納入其中。

☀ 第三步：馬上開始為他人占卜

這個建議可能是所有建議中最困難的一項。你可能會忽視這一點（我的學生都是這樣），但當我告訴你遵循第三條規則可以讓你多麼快熟悉塔羅牌時，請相信我。好的，準備好了嗎？我的建議是：**不要為自己占卜**。為其他人占卜，為任何願意讓你解牌的人占卜。為新聞中發生的事情占卜；為諮商專欄中關於感情關係的問題占卜；為你在社交媒體或面對面的塔羅小組中遇到的人占卜；為天氣占卜；為你的狗占卜。我是認真的──為任何人、任何事解牌，除了你自己。

這樣做的原因是：當你為別人占卜時，你不會與自己無意識的主觀性鬥爭。通常，當你太靠近某個情況時，你無法準確地看到正在發生的事情。這可能只會讓你感到沮喪，適得其反。然而，當你為他人占卜時，通常不會出現主觀偏見，你的客觀思維得以展現，能立即給出清晰的解牌結果。因此，如果你想為自己占卜，請與某人進行交換。在網路上可以找到許多塔羅師。

給占卜者的小提示

世界每天都有新鮮事。針對新聞事件解牌往往很容易成功。寫下你的解讀日記，然後等情況持續發展後再回顧你的日記。你所解讀的內容準確嗎？有什麼是你在占卜中錯過、但現在有了事件的前後關係可以在牌卡中看到的？寫下你所有的解讀內容。

✹ 第四步：用三張牌解牌，不能少於三張牌

這個步驟可能會讓人感覺耳目一新──我告訴你的做法與新手得到的建議幾乎是背道而馳的。但請聽我說：停止每日只抽一張牌。當你這麼做時，實際上是在創造一個情境，期望一張小小的牌能完整回答問題。你在無意中讓自己的解牌變得更加困難。事實上，我認為單張抽牌更像是一種高階技巧。

讓我來告訴你，每日一牌的解牌會如何帶來疑惑。

假設我一邊洗牌一邊問「我今天的運勢如何？」，然後抽出了聖杯皇后。

聖杯皇后

如果我按照標準方式學習，我可能會拿出牌卡附送的說明書來瞭解這位皇后的含義，並看到以下詞彙：

✦ 妻子
✦ 情人
✦ 誠實的朋友
✦ 忠告
✦ 預知能力
✦ 理解
✦ 敏感

以上都是這張牌想要表達的內容嗎？它是在說我，還是在說別人？我會收到預知的訊息嗎？這是我嗎？這就是我該成為

的樣子嗎？一整天我都提心吊膽，等著訊息對我揭露，試圖弄清楚這張牌與我有什麼關係、誰與我有關係、如何與我有關係。我在那天發生了很多事：我見了客戶，讓屋頂工人來報價，最後還去急診室治療偏頭痛。

聖杯皇后指的是身為解牌者的我嗎？是幫我打針的護理師嗎？還是我的客戶之一？我在占卜中沒有任何其他脈絡可以協助我弄清楚這一點。

表面上，每天抽一張牌似乎是合乎邏輯的第一步，但我看到很多學生對此感到困惑，因此我不再推薦初學者這麼做。所以，請聽從我的建議：使用至少三張牌進行占卜。

☀ 第五步：使用簡潔的問題

這個步驟非常強大，我在稍後會用整整一個章節專門介紹它。當你為他人占卜時，請盡可能提出具體的問題，避免提出模糊、開放式的問題（例如「我今天會過得如何？」），而是將它們變成具體的問題，例如「今天我的老闆會跟我討論計畫嗎？」或是「我的老闆對我提交的計畫有什麼看法？」盡可能使用明確的問題。如果你正在為某人占卜，請與他們一起討論，直到你得到一個清晰明確的問題。

✷ 第六步：像閱讀圖文小說一樣解讀牌卡

這是我最喜歡的解牌方法，也是我將在整本書中向你展示的方式。當你抽出三張牌時，不用給它們指定任何位置（如過去、現在、未來）。只需將它們擺好並觀察。然後，使用每張牌卡的單詞來造一個句子。

給占卜者的小提示

如果句子沒有意義，請移動牌卡。重新排序、上下顛倒或擺出形狀。跟隨你的直覺吧！不斷地移動它們，直到你內心的小火花開始說：「沒錯！就是這樣！」

☾ 組合起來

讓我們逐步完成這些步驟，只使用大阿爾克那，就好像你在我的塔羅101課程的第一個小時一樣。假設我和另一位學生搭檔，他們問了我一個問題。

問題：「我兒子一直在找工作。今年夏天他會找到工作嗎？」

這個問題非常具體，所以我們可以繼續。我從大阿爾克那中抽出三張牌。我抽到：教皇、節制和隱士。

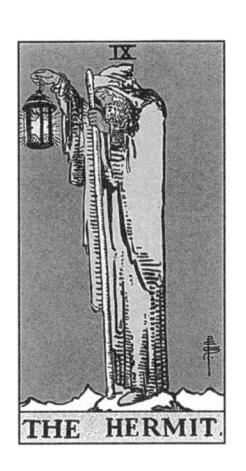

教皇、節制、隱士

我對這些牌賦予的單詞分別是：過程、耐心和孤獨

我的解讀：「教皇代表你的兒子正在以正確的方式申請工作；他正在遵循正確的流程；但節制表明需要耐心，因為看起來他仍然在獨自努力；隱士對我來說意味著孤獨。因此，看起來他不會在夏天找到工作並加入團隊。」

讓我們再試一次。

問題：「我的貓生病了，她會好起來嗎？」

我抽到皇后、魔術師和力量。

皇后、魔術師、力量

我給這些牌的單詞分別是：養育、意志和健康。

我的解讀：「憑藉你的養育和貓的生存意志，我看到了非常健康的結果。看來只要有你的悉心照料，她很快就能恢復精力。」

這不是感覺非常自然和簡單嗎？但願如此！解讀塔羅牌應該感覺很自然，因為它依賴於人類心智最強大的特性之一：從隨機資訊中創造意義的能力。這個詞稱為幻想性錯覺（apophenia）。

你聰明的大腦可以從七十八張牌卡的隨機牌陣中，得出一個連貫且有意義的答案。然而，你我都知道，這些圖像實際上不是隨機的，它們的意圖非常明顯，我認為這確實令人震

Chapter 4　不走尋常路的塔羅另類指南

驚。我稍後將在第五章〈如果你是解牌者,那誰是作者?〉中深入探討這一點。

給占卜者的小提示

目標是找到解牌的「要點」,差不多接近就可以了。如果你是那種要求完美的人,或你正在尋找一種精準系統可以套用,那麼這種解牌方式對你來說可能會有點挑戰性。我提供的並不是一個精確的食譜,更像是你奶奶的烹飪方式:一把這個、一撮那個,然後根據口味找到你自己的方法。你會發現,讓你的占卜如此出色的關鍵在於時間和練習,而非遵循嚴格的步驟。

☾ 流暢度是焦慮的敵人

最後,我將跳回本章的開頭,談談為什麼盡快學會流暢解牌是我首選方法的另一個原因:防止焦慮出現並毀掉一次好的解讀。我發現焦慮是塔羅占卜的大敵。當你開始感到焦慮、難為情、不確定或擔心時,你所有對自己的信任和自信解牌的美好能力就會消失殆盡。

焦慮是直覺的頭號殺手——它會破壞你對占卜內容的信任能力,並妨礙你好好解牌。我不清楚你的狀況,但當我感到難

為情或焦慮時，我會結結巴巴、懷疑自己的感知，基本上變成了我最害怕的狀態：一個糟糕的解牌者。

負面訊息會形成一個循環回饋，我們告訴自己情況可能很糟糕，結果確實變得很糟糕，這會進一步強化我們覺得自己糟糕的信念，直到我們說服自己永遠不會成為優秀的解牌者。許多占卜者對此感到非常害怕，以至於他們從未嘗試為別人解牌；它變成了壓力而不是樂趣。塔羅怯場是真的！

焦慮的解藥往往是信心。事實上，當我問我的學生為他人解牌的最大障礙是什麼時，答案通常是自信。自信是什麼意思？我詢問一個塔羅占卜的群組（那些對解牌不會感到卻步的人）：成為自信的解牌者意味著什麼。以下是他們分享的要點：

✦ 不要讓懷疑戰勝你。

✦ 不要急，讓細節告訴你答案。

✦ 相信自己和你的直覺。

✦ 自信地說話。

✦ 如果一開始不明白，請嘗試以不同的方式解讀牌卡。

✦ 相信第一個浮現腦海的想法。

✦ 如果某些直覺顯得更加合理，請不要被傳統含義所束縛。

Chapter 4　不走尋常路的塔羅另類指南

在上述的回應中，不斷出現的概念就是「相信」。對許多人來說，自信意味著對牌卡知識的信任、對自己直覺的信任，以及對解牌過程的信任。我們如何達到這種信任程度？透過大量的解牌；我們如何讓自己安心地進行大量解牌？把流暢性和準確性放在同等重要的位置。

為別人解牌時，你的個人心態至關重要。這是一切的起源。我們對自己的心態（包含正在做的事及其原因）越清楚，就會越早獲得信任，進而建立信心，並幾乎消除焦慮。以下這些問題可以在過程中幫助你：

- ✦ 你需要什麼才能相信自己所見？
- ✦ 你對自己與牌組的關係有多少信心？
- ✦ 你相信自己身為解牌者的角色嗎？
- ✦ 你如何展現自己並服務這個世界？
- ✦ 你這麼做是為了誰？為什麼？
- ✦ 你的精神支柱是什麼？它如何指導你的占卜技巧？
- ✦ 哪些界限能保護你、支持你，並讓你在一切事物中保持穩定回到自我中心？

以下是作為一名解牌者不應該有的行為，這些行為會嚴重損害你的自信心，對你不會有任何幫助，請不惜一切代價避免這些狀況：

- 將你身為占卜者的經驗與其他人進行比較：你所提供的內容是獨一無二的。
- 讓自己陷入過於教條式的解牌方式：允許自己可以隨著時間發展和改變來練習。
- 給予批評者太多的信任：他們的意見僅僅是「意見」。請確認你也聽到了正面的回應。
- 給自己太多壓力：你是一位信使。你提出建議，但人們是否接受並非你能決定，你也沒有責任要時時刻刻知道所有事情。實際上，揭示給你的內容以及如何揭示並不完全取決於你。

Chapter 4　不走尋常路的塔羅另類指南

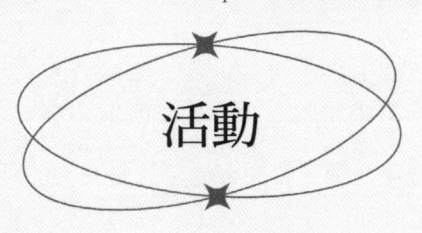

活動

「簡單六步驟」應用練習

　　準備好將這套系統應用到實際中，看它會如何運作了嗎？非常好！首先，回顧本章「簡單六步驟：讓你像達人那樣專業解牌」的內容。接下來，思考以下這些範例問題。完成後，請上網尋找更多問題。你做得越多，就越擅長。

✦ 我的男友總是因為玩電動而發怒，這真的開始影響到我，我擔心會收到噪音投訴。讓他學習控制脾氣的最佳方法是什麼？

✦ 我的叔叔正在重建他的房子，請我幫忙。我同意了，但最近工作量很大。我該如何請他開始付工資給我？

✦ 我和一名男子約會兩個月了，進展順利；我們正式交往，並一起度過週末。但在約會和約會之間的交流很少，我有點感到不安。我不確定這只是過往的包袱，還是代表他沒那麼喜歡我。他在工作日那幾天缺乏交流代表什麼意思？

✦ 坐在我旁邊的新同事很努力想跟我當好朋友。我不確

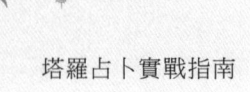

定他是否別有居心,例如試圖取悅我好讓她的試用期審查獲得好評。我同事的善意是單純的嗎?

額外挑戰

現在就去為任何願意讓你解牌的人占卜吧!在我的方法中,透過電子郵件寄送解牌內容並不算數。請記住,我們必須讓你即時、馬上應用你所學到的內容。

Chapter 5
如果你是解讀者，那誰是作者？

當我開始學塔羅時，我認為整個過程非常簡單：只需以特定的陣式放置牌卡，然後得到的訊息是一則預測或建議。我並沒有想太多。事實上，我避免思考這個問題，因為我認為「邏輯」會在某種程度上破壞魔法。解讀塔羅牌時，我只知道有些非常酷的事情正在發生，我也順勢而為。

然而，當我開始為自己和他人解牌時，我開始以不同的方式思考。命運的真正意義是什麼？自由意志如何與命運互動？時間到底是什麼，而它對預測又代表著什麼？未來真的是可預知的嗎？解牌只是一種猜測嗎？我是某種使用塔羅牌的宇宙預報員嗎？塔羅牌是否只是將我的想法直接回饋給我？究竟什麼是解讀？

當這些問題在我腦海中盤旋時，我同時也發現問卜者時常對於「解牌」持不同看法。一位問卜者不滿意，「哦，好吧，她沒有告訴我任何我不知道的事情」；另一位問卜者很

滿意,「她證實了我所想的一切!」這兩種陳述是一模一樣的,但為什麼一個滿意而另一個卻不滿意呢?為什麼我們無法達成共識?

☾ 命運與自由意志之間的區別?

我們每個人心中都有一個關於世界如何運作的構想。這組想法是我們對事物做出假設並預期世界如何運作的濾鏡。我注意到有兩個面向影響人們對解牌的看法:命運與自由意志的本質,以及我們對時間的看法。

讓我帶你走一趟簡單的哲學之旅。關於命運在生活中所扮演的角色,有三種學派影響人們的觀點:預定論(Predeterminism)、決定論(Determinism)和非決定論(Indeterminism)。大多數人心中或多或少都包含這三種思想。

✹ 預定論(Predeterminism)

這種信念認為有某種更高的力量直接控制你的生活,包括你的未來,一切都已經為你安排妥當。這種看待世界的方式常常會影響人們對靈魂伴侶或靈魂契約的看法,以及會認為有天使圖書館員定期整理天堂記錄。

持這個觀點的人常問的問題包括:「何時會遇見真命天

Chapter 5　如果你是解讀者，那誰是作者？

子？」、「我是否注定會得到那棟房子？」以及「小約翰什麼時候會有兄弟姐妹？」這種信念體系假設未來已經規劃完成，而我們可以用牌卡來解碼命運的安排。

✹ 決定論（Determinism）

基本上，這是關於未來受到限定的哲學。也許它並不像預定論那樣一成不變，但仍然存在一組可供選擇的結果。用一個很好的比喻來說，就像是去餐廳吃飯時，他們會給你一份菜單，你可以選擇要吃什麼，但你必須從菜單上點菜。你有很多選項可以參考，但你不能去冰淇淋店要求點龍蝦。

業力通常被認為是決定論的一種形式，輪迴也是如此。「我是一個好人，但不好的事情卻發生在我身上，所以我的前世一定是個可憐蟲。」在這個系統中，雖然存有一定的自由意志，但你仍必須在遊戲規則內行事。

✹ 非決定論（Indeterminism）

這是一種認為事情可以隨機發生的人生哲學。也許事情的發生並沒有什麼明顯的宇宙學因素。也許是好運；也許事情很糟是因為隨機的統計雜訊。在這個系統中，你擁有最終的自由意志，可以做任何你想做的事，成為任何你想成為的人。

這三個基本哲學影響了問卜者對解牌的期望。也許你是一個超級非決定論者——「我是自己命運的掌舵者」，但如果你在沒有設定一些基本規則的情況下，為那些相信上帝正在掌管她人生每一步的人解牌，可能會出現不一致的情形。

給占卜者的小提示

許多占卜者在占卜開始前會先做個開場白或聲明關於占卜的個人哲學理念，幫助管理問卜者的期望。此外，你是可以說「不」的。如果問卜者要求你解讀一些與你信念體系不符的內容，你並沒有義務硬著頭皮進行下去。

☾ 什麼是時間？

這個主題涉及另一個影響占卜者思維模式的因素：文化對時間的感知。我們對時間的感知有一部分是與生俱來，另一部分是從周遭社會中習得的。我們對時間的理解會影響我們的溝通方式、建立關係的方式、生活方式以及與自我的關係。同時，它也深深影響著我們如何解讀塔羅牌，以及我們身為塔羅師所認定的可能性。

由於塔羅牌起源於歐洲，因此它具備西方傳統的時間概

Chapter 5 如果你是解讀者，那誰是作者？

念。標準西方人感知時間的方式與大多數歐洲語言的書寫方式相同：從左到右，過去在左邊，未來在右邊，現在的我們處於中間位置。對西方人來說，時間本身也是一個獨立於其他任何事物的可測量單位。

想想過去、現在和未來的三張牌牌陣，這不就是西方時間觀念的完美模型嗎？請記住，這種感知時間的模型只是一種文化上的共識；它並沒有比其他文化理解時間的方式更「準確」。

如果你來自不同的文化，有不同的時間觀，那麼對塔羅牌的解讀也會不同。改變文化背景，塔羅牌的解讀將會大不相同。試想一下，那些我們尚未試過的塔羅使用方式，往往是因為被自己看待事物的文化視角所限制，這不是很令人興奮嗎？身為塔羅師，我們是否應該去研究超越自身文化定義的時間觀呢？

☾ 時間觀的文化差異

我必須告訴你：我非常喜歡瞭解不同文化對時間感知的差異。我學得越多，就越能有創意地為自己和他人使用塔羅牌。身為一名占卜者，我的工作主要基於標準的時間軸，這受到我的文化背景所影響，但是當我學到另一種理解時間的新方法時，我會想在占卜中嘗試一下，其結果通常相當驚人。為了

幫助你上手，以下是一些常見的文化時間觀點，它們可能有助於塑造你使用塔羅牌的方式。

☀ 時間取向（Time Orientation）

文化的時間取向在很大程度上反映了他們所重視的事物。有些文化更注重過去，有些文化更注重現在，有些文化則注重未來，還有一些額外的特點。例如，當你去西非時，可能會遇到民間說書藝人「格里奧」（Griot）。格里奧既是歌手和教育者，同時也是血統的守護者，他們會向你講述每個村莊成員追溯到幾世紀前的血統，這並不罕見，全都是以口語流傳。相比之下，如果你去詢問一名普通美國人關於他們的祖先系譜，也許他們最多只能追溯到曾祖父母——直到網路為他們完成這項任務為止！

你還可以從一個文化如何敬重年齡來看出時間取向。許多亞洲文化傳統上更傾向於以過去為主，這點體現在老年人被視為智慧的寶庫，並需要給予極大的關懷和尊重。相較之下，美國則極具未來取向，我們可以從青年文化受到尊重，以及稱某人為「老」會被視為侮辱的事實中觀察到這一點。

讓我覺得有趣的是，我們使用塔羅牌的方式會受到這種取向的影響。以過去為導向的文化可能會以探索過去發生的主題

和情況來解讀塔羅牌,以此作為理解現在和未來的一種方式——如果他們對解讀未來有興趣的話。來自未來為導向文化的人可能只想解讀有關未來的內容,他們不會看到理解深遠過去架構的價值,或者可能認為那些架構無關緊要。

☀ 時間學(Chronemics)

由於不同文化進行交流時,在時間認知方面存在差異,商業學界曾在時間學方面進行了大量研究。這些差異影響國際企業間的合作方式。例如,德國人的「馬上」與祕魯人的「馬上」完全不同。本質上,時間學有兩個主要的子類型會讓塔羅師特別感興趣:單一時間和多元時間。這些差異肯定會影響你為自己和他人解讀塔羅的方式。

單一時間(Monochronic time)指的是「一次只完成一件事情,時間被分割成細小的精確單位。在這個系統下,時間被用來制定、安排和管理」(Cohen,2004)。大多數西方文化都在單一時間系統下運作,時間通常被認為是不能浪費的資源,因此十分重視準時、效率和時間管理等概念。

許多非西方文化則是在多元時間(Polychronic time)下運作。這些文化不一定將時間視為需要保存或管理的資源。對於多元時間的文化而言,重點在於人際關係,而非堅持人為的衡

量標準。

簡而言之，這些文化之間存在以下差異。

單一時間概念者	多元時間概念者
一次做一件事	同時做很多事
專注於工作	容易分散注意力，易受到干擾
認真對待時間承諾（截止日期、時程表）	可能的話，會將時間承諾視為努力實現的目標
語境脈絡少，且需要訊息	語境脈絡豐富，且已經擁有訊息
對工作投入	對人物和人際關係投入
嚴格遵守計劃	經常且容易改變計劃
擔憂會不會打擾到他人；遵守隱私並考慮規則	更關心親近的人（家人、朋友、緊密的商業夥伴）而不是隱私
強調準時	將準時建立在關係的基礎上
習慣建立短期的人際關係	傾向於建立終生人際關係

單一時間和多元時間之間的差異也改變了我們解讀塔羅牌的方式。例如，具有多元時間概念的人在解答「什麼時候會發生什麼事」時，會給出與其他事件相關聯的回答，例如「當你的母親病情康復後，你就會得到這份工作。」相對地，如果問卜者來自單一時間文化，他們可能會問：「好，但是具體是什麼時候？七月？八月？九月？再說，這和我媽媽的病有什麼關係呢？」

這裡的重點在於你對於如何解讀塔羅牌的標準認定——

Chapter 5 如果你是解讀者，那誰是作者？

也就是說，你認為什麼是正確的解讀方式？塔羅牌的用途為何？應該如何建立牌陣？或者，我們如何解讀牌卡？這些都受限於你對現實和時間的感知。然而，我認為塔羅牌比任何單一的認知都更強大。當我們從好奇心而不是教條的角度看待這些問題時，就可以在占卜中展現更大的創意。

給占卜者的小提示

雖然塔羅牌起源於西歐文化，但這並不意味著它只適用於該文化框架。請盡情而創意地使用它吧！真的！創新來自於「一直都是這樣做的」與「嗯，但如果我們不遵守這些規則會怎樣呢？」的結合。塔羅牌的流動性是我最喜歡的特質之一，它們可以應用的範圍令人驚豔。

☾ 文化中的非線性時間概念

有些文化對時間的看法與我們的觀念差異更大。例如，亞馬遜地區的阿蒙達瓦人（Amondawa）語言中沒有可計數的時間單位，他們認為時間完全取決於生態季節或社會活動。如果塔羅牌是由阿蒙達瓦人來解讀，會是什麼樣子？

現在我打賭你在想：「好吧，我只是要為我的朋友占

卜，這跟我有什麼關係？」它與你有關，因為瞭解其他文化的運作方式會帶給你從未思考過的想法。例如，我們很少占卜「過去可能發生」的事情；我們似乎只專注於實際發生的事情，而不是**幾乎要**發生的事情。由於我們只看到自己所見，這實際上會扭曲我們對世界的理解！如果我們只堅持單一的時間文化模式，可能會錯過一些重要的洞見，錯過了所有能以不同方式表達並提升塔羅技能的機會，只因為我們從未考慮過它可能有不同的方式。

假設有人為自己感到難過：「我的運氣超差，從沒遇過好事。」他們不知道的是，有時他們其實是逃過一劫，例如，如果他們沒有因為把咖啡灑在襯衫上而遲到，可能就會發生一場車禍。當然，他們會抱怨咖啡，卻不曉得灑出咖啡的事件如何避免了更可怕的事情發生。進行「過去可能發生」的占卜會完全顛覆問卜者覺得自己不幸運的想法。事實上，他可能比自己意識到的要幸運得多。

嘗試不以線性時間為假設的解牌是一項有趣的實驗！這裡有一些建議的占卜方式，你可以在其中稍微玩味一下時間概念。你可以決定如何設計牌陣，或是否要設計牌陣。

✦ 不要進行前世占卜，而是解讀未來。五百年後的你會是誰？

Chapter 5 如果你是解讀者，那誰是作者？

- 進行假設性占卜，例如：「如果我是跟提摩西結婚而不是莎拉，會是什麼樣子？」
- 在假設過去和未來與現在同時存在的前提下進行占卜，例如：「未來的我想對現在的我說些什麼？」
- 在假設你可以改變過去的前提下進行占卜，例如：「我如何使用塔羅牌來修復我的人生進程？」
- 為年輕的自己占卜，就好像她坐在你對面那樣。
- 以同一張牌同時代表過去與未來進行占卜。
- 進行沒有時間標記的占卜，而是根據關係或因果，例如：「如果發生這件事，那麼會如何」。

☾ 淺談物理學與時間

自從閱讀有關廣義相對論和狹義相對論的資料後，改變了我解讀塔羅牌的方式。當我注意到我的占卜往往暗示了某種比未來更複雜的事物時，我開始探索更多有關時空的知識。當我對時間的概念從「一個過去、一個現在和一個未來」的文化理解，轉向更細膩的概念後，我的占卜就變得更有洞察力。尤其是對「光錐」（light cone）的認識從根本上改變了我對預測性占卜的看法。

光錐（light cone）

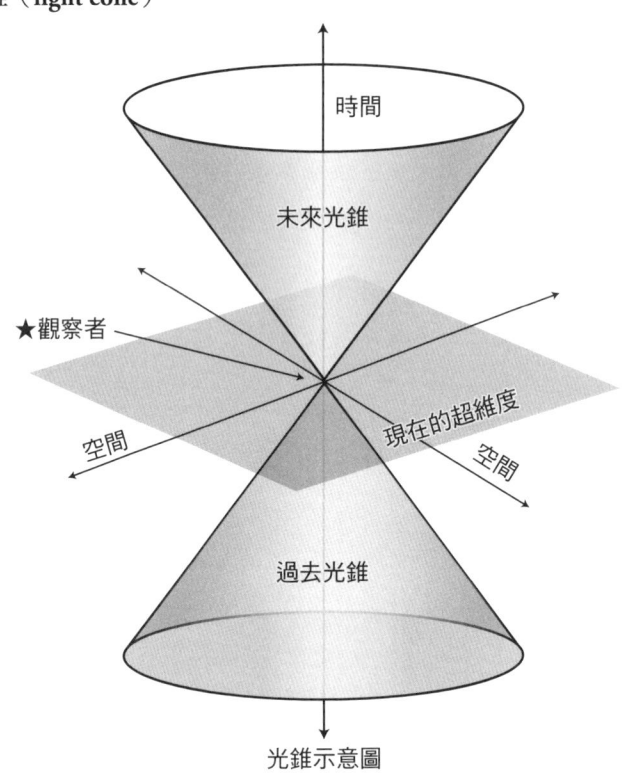

光錐示意圖

狹義相對論基本上認為，光錐是「光」從單一事件向時間和空間面向的擴散；閃點（flashpoint）是時空中的一個時刻。這個概念是，時間只能存在於光錐內，因為時間與光速有關。如果你是一個時空旅人，你只能在錐體內移動，也就是光從這個事件向外擴散的範圍內行動（除非你掉進黑洞，那麼時間就會為你停止，這聽起來顯然是最不好的情況）。

Chapter 5 如果你是解讀者,那誰是作者?

因此,未來並不是你面前唯一的道路;反之,它是此時此刻從你身上輻射出來的所有可能路徑。未來就像一棵樹,在你面前綻放出絢麗而複雜的枝條。不只有一條道路,而是充滿所有路徑,每條路徑都是由光速創造而成,潛藏著無數可能性,就像四維宇宙中,光錐內的每一個座標點。

那麼,既然從事件中輻射出多種可能性或多種未來,為什麼塔羅占卜通常只談論其中一種呢?這就好像是從眾多可能性中以主觀而巧妙的方式挑選出一個預測出來。我開始問自己:「為什麼解牌內容向我們呈現出眾多未來中的其中特定一個?這個故事是透過什麼樣的行為進行闡述,而其他故事卻沒有?為什麼我們的解牌會聚焦於某一特定觀點?為什麼解牌會非常關注於一個小面向而不是大局,反之亦然?」問自己「為什麼要向我展示這個?」遠比宣稱「所呈現出的未來是唯一可能」來得更加令人興奮。

給占卜者的小提示

如果解牌內容只關注問題的一部分,而非整個問題本身,那麼一定是有原因的。問問自己「為什麼解牌內容會只放大這一部分?」這並非偶然。我們看到的是一**種**未來,而不是**整個**未來——這是有原因的。

☾ 如何看待占卜中的悖論？

現在，我將剛才向你們解釋的一切加入一個巨大的難題：悖論。悖論的本質是矛盾，特別是因果循環的悖論。它提出了這樣的問題：占卜的預測是否會因為問卜者聽到這個預測並採取行動而發生，而此行動是預言實現的首要原因嗎？假設問卜者要找一份工作，占卜內容表明他將在秋天獲得一家遛狗公司的工作。占卜結束後，問卜者在夏天尾聲加倍努力申請遛狗公司的工作，最終得到了一份遛狗職位。在此情況下，占卜成為一個預先載入的建議，作為讓預言成真的催化劑。奇怪的是：如果問卜者從未占卜，預言會相同嗎？另一個更奇怪的悖論是：如果問卜者知道他們的行動已被預測所決定，是否還能

給占卜者的小提示

如果這樣的思考讓你深感興趣，我強烈建議你追隨偉大的已故物理學家兼塔羅師約亞夫・班・道夫（Yoav ben Dov），深入研究決策理論和賽局理論。我的推薦閱讀清單中包含他的著作《揭密馬賽塔羅：象徵、意義與方法的完整指南》（*The Marseille Tarot Revealed: A Complete Guide to Symbolism, Meanings & Methods*，暫譯）。

Chapter 5 　如果你是解讀者，那誰是作者？

擁有自由意志，還是這本來就是命中注定的？這就是所謂的紐康姆悖論（Newcomb's Paradox）。正如你所見，命運與自由意志的爭論仍然是熱烈辯論的主題。

☾ 如果我們是解讀者，那誰是作者？

如果命運哲學決定了人們如何看待或理解占卜，而占卜又常常受到我們對時間本質的概念所限制，那麼占卜本身到底是什麼呢？雖然我的目的不是要明確回答這個問題，但我可以談談我為他人占卜數千小時後所學到的東西。

所有這些占卜所匯總的資訊中，出現了一些令人難以置信的內容。我從很多面向感覺到塔羅牌占卜有某種「存在」，既不是我、也不是問卜者，而是某種相當不可思議的存在。一旦我能夠辨識出這種存在，我的解牌能力就會大幅提高。事實上，我還記得我第一次感受到這種洞察力的時刻，它引導我意識到另一種隱藏在牌卡表面之下的解讀方式。

我的頓悟時刻發生在全職占卜一年後左右。那天，一位年輕女子來做一般占卜。她沒有主動提供任何資訊，我也從未見過她，所以我攤開了牌卡，很興奮地想看看它們要說些什麼。通常我是一名委婉的占卜者，但當時有一股壓倒性的衝動讓我脫口而出：「妳要被解僱了！」在我還來不及處理它的

時候,話語就從我嘴裡飛出來。我和問卜者都震驚地看著對方,然而,她的震驚很快就變成憤怒。接下來的占卜時間我都在試圖緩和這個訊息的力道,我在沒有準備好的狀態下被迫如此。當占卜接近尾聲時,我祝她晚安。走出門時,她說:「多虧你,我這個晚上絕對無法安寧!」

出於擔憂,我幾天後發了一封電子郵件給她,但沒有收到回覆。看得出來她還是很生氣,她可能認為我既不是一位好的塔羅師也不是一位好人,但我無能為力,只好放棄。大約三週後,她發了電子郵件給我。「好吧,妳是對的。我剛被解僱了。老實說,我很感激妳告訴我,因為至少在某種程度上,我已有所準備。」此後,她成為多年常客。這次占卜的經驗讓我明白,塔羅牌不僅知道該告訴別人什麼,而且知道如何以最有效或最有幫助的方式來告訴別人。如果「妳要被解僱了!」這個訊息表現得更安靜、更溫和,甚至有點曖昧,她可能會置之不理,而這可能對她不利。

我意識到脫口而出也是占卜的一部分,這個訊息必須大聲傳達才能讓她明白,我也發現占卜內容的聲量與問卜者對訊息的抵抗程度成正比。一旦我明白我必須專注於占卜的內容以及它是如何被傳達的,我就能達到一個全新的理解層次。

> **給占卜者的小提示**
>
> 如何透過占卜傳達訊息與訊息本身一樣重要。請觀察牌卡並問自己：「為什麼塔羅牌要以這種方式告訴這個人這則訊息？」

☾ 我的塔羅牌原則

多年來，我提煉出一套個人的占卜哲學，它們成為我提供服務的支柱，概述了我如何從解讀內容中識別所謂的「作者」。這些原則是我在有幸進行的數千小時占卜中，觀察後寫下的，也許它們會對你有所啟發。

✹ 原則一：塔羅訊息旨在幫助問卜者獲得最大利益。

訊息的呈現方式通常會考慮當事人的個性、情況和改變的能力。我從未見過任何占卜建議某人去做一些對他們本身有害的事情。占卜所講的事情可怕嗎？有時是如此；占卜給予的建議對當事人來說很困難嗎？通常是一定的。但我從未見過牌組給出違背問卜者最大利益的建議，相反地，我只看到來自深切支持和關心的訊息。此外，我意識到塔羅牌能夠以千萬種不同

的方式傳達完全相同的答案。例如，當我們問：「安東尼會回來嗎？」牌卡的答案可能是「不」，但它可能會以強調的、戲劇性的、柔和的或充滿愛的方式來表達。

　　占卜決定如何提供訊息的方式，可以告訴我們很多關於這位問卜者的資訊。也許她需要來自宇宙的警鐘，才能停止試圖讓安東尼回來；或者，她已經走投無路了，所以牌卡選擇更細緻溫和的方式來回答她的問題。觀察語氣是理解問卜者對於答案真實想法的關鍵。

給占卜者的小提示

　　有時候，占卜不會直接回答問題。比如有人想瞭解他們孩子踢足球的情況，但你抽出的牌全與他們的婚姻有關。這就是我所說的「塔羅優先介入」，雖然這種現象對我來說並不常見，但卻相當重要。通常，塔羅牌試圖揭示問卜者正在極力迴避的事情，或試圖警告問卜者當前存在的真正危機。

原則二：塔羅訊息是針對當下對未來的行動、不行動、反思或影響而設計。

　　我注意到，大多數情況下，占卜並不是真的關於「未來」，而是關於問卜者「當下」的情況。在塔羅牌中，似乎

Chapter 5 如果你是解讀者，那誰是作者？

總有一部分的訊息是需要當事人 DIY（自己親手做）的；或者，關於未來的訊息是以某種形式寫成，為了讓人們要麼走向那個未來，要麼避免它。例如當有人問我何時會進入戀愛關係時，解牌內容表明某人會在未來出現，但問卜者需要停止與分分合合的前任藕斷絲連，並設立自己的界限。大部分的占卜內容都是關於她現在需要做什麼，最後可能才會丟一點模糊的答案。有時我把塔羅牌想像成說真話的阿姨，這位塔羅阿姨的建議中有 95% 是關於「以現在為導向」的真相，而 5% 才是關於當事人未來的愛情。塔羅阿姨愛你，但不會容忍你的胡鬧。

在解讀內容的二十分鐘後，問卜者會問：「沒錯，但是……新的對象什麼時候會出現？」這種情況並不少見。事實上，她幾乎忽略了 95% 真正重要的建議，而直奔那 5% 的額外資訊，這個事實表明了她需要聽取那 95% 的建議。問卜者只會得到足以引導她努力的訊息而已。

如果塔羅牌的建議中有 95% 是她想聽的內容（例如新對象），而 5% 是她不想聽的內容（例如她需要努力才能得到愛情），那麼很可能會導致問卜者為了滿足她夢寐以求的愛情，而繼續迴避必須面對的現實，那麼占卜就會出現錯誤。但如果占卜說她將注定孤獨終老，這真的符合問卜者的最大利益

嗎?儘管好萊塢常常這樣呈現悲劇,但厄運在我的解讀中不會有戲份的。

給占卜者的小提示

問卜者因為沒有得到預期的答案而感到失望,並不代表占卜成效不彰──情況通常恰恰相反。不要問他們是否對占卜感到滿意,而是詢問解讀對他們是否有幫助。

☀ 原則三:塔羅訊息超越小我的慾望、需求和待辦事項。

塔羅牌並不關心我們的小我,這意味著雖然我們會為了最大的利益而得到訊息,但訊息並不總是我們想聽到的內容。它並不關心我們有多想要這份工作,或者我們多麼討厭前任、想要取得完整的監護權等。我認為為自己占卜之所以如此困難的首因是:我們的小我像海市蜃樓一樣擋在感知的前方,讓我們幾乎可以看到真相卻又不完全如此。

作為他人的占卜者,你必須在小我和訊息之間架起橋樑,有時這會有點困難。許多人想要一種能滿足他們小我的占卜內容,我稱之為「速食占卜」。你要如何辨識基於小我需求對速食占卜的渴望?以下是問卜者可能會有的情況:

Chapter 5 如果你是解讀者,那誰是作者?

- ✦ 帶有一種渴望。他們通常只想透過占卜來感覺更好、減輕焦慮。
- ✦ 只感受到當下的渴望。他們對長期解決方案不感興趣。
- ✦ 不想解決問題。他們只對最終結果有興趣,而且結果最好是正面的!
- ✦ 不需要建議。他們只想讓你告訴他們未來!

問卜者可能會迫使你給出這類解讀,但想要讓塔羅牌配合,並不是這麼簡單的。通常塔羅牌會試圖傳遞智慧。塔羅阿姨不在乎你是否因為想吃披薩而發脾氣;她有一鍋美味的燉菜,而你至少要嚐一口!有營養的占卜內容會包括:

- ✦ 從整體的角度來看待情況,而不是僅僅問題本身而已。
- ✦ 理解問卜者對訊息的抗拒是一種特徵,而不是錯誤,而這種抵抗表明了對方需要成長之處。
- ✦ 讓問卜者掌握主導權,賦予他們做決定和選擇的力量。
- ✦ 更加專注於旅程,而非目的地。
- ✦ 使用模糊性、細微差別和灰色地帶的說法,而不是「確定的答案」。

在整本書中,有件事我不斷強調,那就是「同意」。當你讀到最後,可能會對於我不斷談論「同意」感到厭煩。問卜者想要速食占卜完全沒有問題,我們憑什麼來評斷他們?我們不

能只因為認為自己的問題更好,就自行改變他們的問題,我們應該避免按照自己的意圖來解讀牌面。身為占卜者,我們能做的就是傾聽他們的問題,看看塔羅牌如何回答,並提供選擇。它可能像這樣進行:

問卜者:「我想要進行財務方面的占卜。我會變得有錢嗎?」

塔羅師:「我們當然可以看看這個主題,還可以看看目前可能影響這個面向的具體因素,你也想瞭解這些嗎?」

問卜者:「不,我只是想知道我是否會變有錢。」

占卜者:「好的,這是本次的占卜結果。根據內容來看,你可能不會變得富有,但占卜也提供了一些建議,你想聽聽嗎?」

給占卜者的小提示

許多人算塔羅牌是為了得到直接的預言,但塔羅牌很少會在不加入我們所需事物的情況下給出關於未來的豐富資訊。身為占卜者,你的角色是透過與問卜者會面、徵求同意並提供選擇來尊重這次的會談。讓問卜者掌控他們想聽到的內容。

以上這三個原則探討了那股無法定義卻仁慈的力量，也就是存在於牌卡中更偉大的東西。我相信有些人可能會說：「珍娜，那只是妳把自己的想法投射到牌卡上。」老天，我真希望是這樣，因為那代表我聰明絕頂！儘管我希望能攬下所有功勞，但我必須承認，有一些超出我能力範圍的事物在運作。老實說，我盡量不去思考「它」到底是什麼，而是去傾聽「它」如何運作。我不想過度強調魔法。

還有一些我經常在牌卡中發現神祕聲音的方式，我不會稱之為**原則**，而更像是一種一致的**行動模式**。這些行動模式很棘手，因為它們有時會給我們這些塔羅師帶來壓力。一旦我不僅僅是理解訊息本身，也理解這些訊息被如何精心設計來引起回應，我就能更加從容地應對。

☾ 負面的預測會刺激行動

我曾看過塔羅牌給出一個負面的預測，藉此來刺激某人採取行動，這有點像尚未到來的聖誕節幽靈（the Ghost of Christmas Yet to Come）[2]。還記得他嗎？在《聖誕頌歌》中，

---

2 編按：出自查爾斯・狄更斯 1843 年的著作《聖誕頌歌》（或譯為《小氣財神》），故事主角為一名貪婪吝嗇的商人史古基（Scrooge），在聖誕節前夕遇到三個分別代表過去、現在和未來的聖誕節幽靈，讓他重新檢視自己的自私，決定改變自己、幫助他人，從而領悟聖誕節感恩的真諦。

這位幽靈帶著吝嗇的商人史古基（Scrooge）去墓地，向他表明沒有人關心他的死，因為他是個混蛋。史古基第二天醒來後，徹底改變了自己的生活方式。直到史古基親眼看見自己的墳墓之後，他才做出改變；通常最戲劇性的訊息才能發揮最大的作用。當這種情況在占卜中發生時，問卜者通常會將其視為不祥的預言，儘管你告訴他們事實並非如此。這種訊息通常會在問卜者沒有意識到「需要改變自己」時出現，這種戲劇性「干預」成了促使她轉變所需的內容。當出現這類占卜時，我總是會在後續增添一個陳述，例如「如果她改變了 X、Y、Z，這會改變預測嗎？」在這邊，使用假設情境就會派上用場。在 99.99% 的情況下，占卜結果會變得非常正面。

☾ 預測很少是直線發展的

即使預言未來會發生某件好事，也並不代表它就會成為事實。我無法告訴你有多少問卜者在占卜後兩個月打電話給我，說我的預測完全錯誤，但隨著時間的推移，最後卻實現了。

給占卜者的小提示

如果有人打電話告訴你某件事情還沒有發生,請不要驚慌。鼓勵對方保持耐心,並願意等待看之後會發生什麼事。另外,請提醒他們,預測只是基於當下狀況所做出的最佳猜測,它也會受到當前混亂局面的影響。僅僅因為你看到白馬王子即將到來,並不代表他就是你下一個會遇到的人;或是因為占卜說你會在工作中遇到夢中情人,也不一定意味著對方是同事,她可能是同事的妹妹,也可能是工作地點旁邊咖啡店的咖啡師。占卜不是以邏輯運作,這就是為什麼它如此強大卻又令人抓狂。

活動

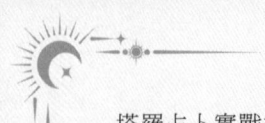

進行逆向占卜

為了幫助你瞭解訊息的聲量和語調,你可以進行一次逆向占卜。我在下方列舉了一個問題及答案,然而,這個答案可以透過多種不同的方式傳達。以下是具體的步驟:

1. 選擇一個牌陣來回答問題,任何牌陣都可以,但請使用你覺得舒適且熟悉的牌陣,並至少包含三張牌卡。
2. 從下面的清單中選擇一種可能的回答方式。
3. 將牌面朝上,有意識地選擇你將使用的牌卡,並將它們放置在你認為合適的位置。
4. 重複這個動作,根據自己的意願嘗試多種不同的答案。思考看看即使每個答案客觀上說的是同一件事情,但在牌面上看起來有多麼不同。

範例問題:我幾週前開始和布萊恩約會,到目前為止一切都很好。接下來這段關係將會如何發展?

答案:你的新戀情將會很濃烈,但時間很短暫。

以下是關於這個答案可能被傳達的語調或方式:

Chapter 5 如果你是解讀者，那誰是作者？

- ✦ 讓人寬心：你會沒事的，事情會變得更好。
- ✦ 大膽魯莽：他太煩人了，慢走不送！
- ✦ 喚醒意識：醒醒吧，這一切都結束了！
- ✦ 鼓舞人心：從這種情況中學到教訓。
- ✦ 提出警告：你還要重複這樣的事情多少次了？
- ✦ 鬆了口氣：還好這一切很快就會結束，因為他並不適合你。
- ✦ 給予安慰：一切都結束了，然而這正是你現在所需要的。

這只是一些例子，我相信你還能想出更多。請確保維持相同的答案：「濃烈但短暫的戀情關係」，並放手去玩！

問題：我幾週前開始和布萊恩約會，到目前為止一切都很好，接下來這段關係將會如何發展？

答案：你的新戀情將會很濃烈，但時間很短暫。

語氣：大膽魯莽——他太煩人了，慢走不送！

（我沒有使用特定的牌陣；我完全是依照線性的方式解牌來回答問題。請隨意使用你喜歡的任何牌陣！）

我刻意選擇了：

塔羅占卜實戰指南

戀人、聖杯騎士（逆位）、權杖五、寶劍皇后、死神、愚人

※ **我的解讀**

戀人牌代表你們之間最初的強烈連結，但事實證明他並不是你想像中的浪漫騎士。逆位的聖杯騎士顯示他已經變成了一

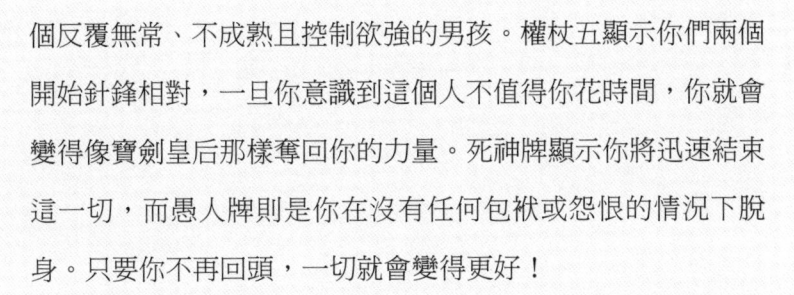

Chapter 5　如果你是解讀者，那誰是作者？

個反覆無常、不成熟且控制欲強的男孩。權杖五顯示你們兩個開始針鋒相對，一旦你意識到這個人不值得你花時間，你就會變得像寶劍皇后那樣奪回你的力量。死神牌顯示你將迅速結束這一切，而愚人牌則是你在沒有任何包袱或怨恨的情況下脫身。只要你不再回頭，一切就會變得更好！

進行這個活動並沒有對錯之分。當你看到我的牌卡和解讀時，可能會覺得它們不適合你──這完全沒問題的！你和你的牌組之間有一種你們獨有的語言，所以請選擇對你來說有意義的、能傳達這些語氣的內容，並相信它是適合你的！

Chapter 6

解牌有一半的功夫與「提問」有關

　　你應該針對某個特定問題使用塔羅牌,還是隨意抽出一些牌並順著它來解讀?使用問題是否會在某種程度上削弱塔羅牌占卜的特殊效果?或者,在塔羅占卜中,提問是否有助於集中注意力和清晰度?我認為這完全取決於你的方法,也就是你是哪種塔羅師,以及你想如何進行。

　　其中一種占卜風格會認為提問不重要。牌卡本身會在需要時揭露訊息;有些塔羅師不希望在會談之前獲得任何訊息,因

給占卜者的小提示

　　提問的必要性跟你的靈性程度或天賦無關,這純粹是風格上的差異。因此,請使用適合你的方式。隨著時間的推移,你可能會發現你的方法在改變:從問問題變成根本不問問題,反之亦然。兩種都很好!只要你能夠幫助人們,並以有助益的方式向他們提供訊息,那就是最重要的。

為擔心這些訊息可能會導致占卜產生偏差。許多傳統的牌陣都是基於「無提問」的塔羅解讀技巧所建構，此風格也已經被大眾文化視為常態。這是一種完全有效的塔羅牌解讀方式。

我注意到有些人一開始會想要進行概括性占卜，但他們心裡通常都有想知道的特定內容。這裡有一個聚會占卜時的典型場景，問卜者想要瞭解的事情和她所說的不同：

我：「妳好，今天想問關於什麼方面的問題？」

問卜者：「哦，都可以，就做個大致的解讀，我沒有特別想問的。」

我：「妳確定嗎？什麼都沒有？因為如果我們把它交給宇宙，牌卡會談論任何事情喔。」

問卜者：「是的，沒關係。」

於是我開始抽牌，發現占卜內容是關於她年邁體弱的婆婆，需要小心跌倒。

問卜者：「真的嗎？沒有關於我的事嗎？」

我：「是的，抱歉。這就是宇宙想讓妳知道的事情，而且時間到了。」

問卜者：（發出不高興的抱怨聲，離開我的桌子，可能還會告訴朋友她得到多麼糟糕的占卜體驗。）

有些人想看看你是否能讀懂他們的想法，或者這個主題會

Chapter 6 解牌有一半的功夫與「提問」有關

不會自然而然地出現。有時候問題潛藏在無意識之中，或者這個人害怕提出來；也許他們不想說，因為這很私人、脆弱或令人尷尬等等。有許多原因可能會讓一個人猶豫著是否要解決某個問題，但我們這些塔羅師可以提供他們幫助。選擇「提問」還有一些其他原因。

避免進行概括性占卜的原因

塔羅會決定話題

塔羅占卜通常會指向目前最重要的事情，而這可能與問卜者想要知道的不同。即使我們提出明確的問題，也可能遇到「塔羅優先介入」的情況。這種現象在進行概括性占卜時尤為明顯。有些問卜者對出現的內容感到合理可接受，但許多人（我想說的是大多數）則不然。

讓問卜者做好準備

提出問題可以協助問卜者對於即將聽到的主題或占卜類別做好心理準備。占卜的方向由問卜者主導——他們仍坐在駕駛座上。透過這種方法，你可能就不會經常遇到有人問：「塔羅牌會告訴我什麼時候會死嗎？」這類問題，透過「提問」可以

排除任何問卜者還沒有準備好面對的負面消息。

✵ 問題讓身為占卜者的你更有效率

再次強調，這是一種風格差異，如果你喜歡簡單明瞭，那麼這可能是最適合你的風格。成為一名批判性思考者和通靈占卜者並不互斥，你需要兩者兼具。塔羅牌的魔力是強大的；它可以處理的！

學習如何評估當事人的敘述以找出正確的問題，是一門與記住七十八張牌義和各種牌陣同樣重要的技能。作為占卜者，我們的工作就是幫助問卜者抓到重點；這些好問題一旦得到解答，將對他們的世界產生真正的影響。我們可以幫助問卜者找到他們內心的問題。以下是一個占卜開始進行的典型範例：

占卜者：「那麼，你今天想占卜的問題是什麼呢？」

問卜者：「噢，只是一些無管緊要的事情。」

占卜者：「是嗎？什麼事呢？」

問卜者：「哦，關於我的愛情生活⋯⋯」

占卜者：「嗯⋯⋯好吧，這是一個主題。想個具體的問題如何？」

問卜者：「嗯⋯⋯那就⋯⋯我的愛情生活將會如何發

Chapter 6 　解牌有一半的功夫與「提問」有關

展呢？」

這個模糊的問題可能意味著很多事情。「我的愛情生活將會如何發展」可能包含無數個問題，例如：

- 我單身，想知道是否有新對象出現？
- 五年前的馬特會再聯絡我嗎？
- 我可以和我那糟糕的配偶離婚嗎？

因為我們仍不清楚她真正想要的是什麼，所以可以給她一些範例問題來幫助她縮小範圍，找到好問題。使用「無提問」風格的牌陣也可以達到這個目的，但最好還是花時間瞭解她不知道的事情，而不是花時間確定她已經知道但沒有提及的內容。我們可以進一步問她一些澄清性的問題，直到最終瞭解問題的核心：

問卜者：「嗯，那個，我斷斷續續見這個人大約有一年了。我想知道我是否在浪費時間。」

啊，這才是她真正想要得到答案的問題！為什麼我們要經過一番曲折，從一個模糊的問題開始，而實際上卻隱藏著一個明確的問題？人們為什麼要這樣做？為什麼人們會提出含糊的問題或拒絕告訴你實際情況，有以下幾種可能：

- **你有通靈能力嗎？** 如果我不告訴你，但你卻已經知道了，那就證明你有通靈能力（無論對錯，這是一個常

見的測試）。

+ **你有能力嗎？** 通常會提出一般性問題來試水溫，看看你的進行方式以及你能提供多大的幫助。問卜者先從不太費力的問題開始，然後再深入探討。
+ **你有投入其中嗎？** 透過一般性問題，他們希望看看你是否投注全部注意力在他們身上。
+ **你有在聽嗎？** 你是否主動傾聽問卜者的需求，還是你會倉促下結論？

除了這些為了試探用的一般問題外，問卜者可能會很難辨識出我所說的**痛點**，也就是在某個情境中影響其他事情的關鍵因素。人們通常會因為這個痛點而感到不適，但由於距離問題太近，無法精準辨識出那是什麼，於是他們可能會提出一個模糊的問題，希望觸及自己的感受，但又無法清楚地表達出來。

☾ 讓我們提出正確的問題

☀ 引導集中

運用後續的提問來幫助問卜者縮小範圍，聚焦在對方真正需要的內容。我使用的一種技術稱為漏斗法：從較籠統的角度

開始提問，然後隨著對情況的理解，開始提出需要更多細節的問題。一般來說，先從開放式問題開始，並在過程結束時，透過封閉式問題來總結對情況的瞭解。

例如：「所以，你想知道你是否會被解僱嗎？你會不會也想問我關於求職的事？哦！你想要創業？那麼，你想針對當前的工作狀況以及關於創業的計畫進行占卜嗎？」

✹ 探詢

當你不太明白問卜者的意思，或你感覺到有更多可能與占卜相關的細節時，探究性問題會很有幫助。

例如：「你說你們在一起，那是在約會還是結婚了？」

✹ 提供選項

新增「假設」情境的問題選項。身為占卜者，我們可以引導他們在面臨選擇時找到答案。

例如：「我們可以占卜一下，如果你買下這間房子會如何，同時也占卜一下如果你不買這間房子的話會怎麼樣？」

> **給占卜者的小提示**
>
> 提問時要做好準備，因為你可能會遇到阻力或感覺到問卜者不太舒服。如果你察覺到他們的不適，可以去確認他們是否有不舒服的感覺。許多人並不期望占卜者採用這種風格，所以請繼續並解釋為什麼你會這樣進行。

☾ 你是否使用適合的牌陣呢？

良好的占卜由三大支柱構成：一個好的問題、一個好的牌陣（或占卜風格）以及對牌義的掌握。有些人可能認為第四個支柱是直覺天賦。由於每個支柱對於優質的占卜來說都非常重要，所以如果缺少其中任何一個，你都會感覺到影響。這就是我所說的「解讀不順暢」。你可能感覺這是一次不順暢的占卜，因為你在勉強解讀，或努力理解正在發生的事情，甚至開始過度思考整個占卜過程。

☾ 模糊的問題和不合適的牌陣

如果我們以模糊的問題和不適合的牌陣開始，那麼典型的占卜狀況可能會如何？

Chapter 6　解牌有一半的功夫與「提問」有關

給占卜者的小提示

一旦你注意到不順暢的感覺,請回溯你的步驟:回顧你的敘述,確保問題正確,然後看看你的牌陣。如果你發現自己處於這個狀況,請理解這是一個技巧問題,而不是天賦問題。你是個優秀的解牌者。沒錯,你是!塔羅牌想要被解讀,並且想要透過你來解讀!

舉例來說,「關於女兒上大學,我需要知道什麼?」

許多問題都是從「關於⋯⋯我需要知道什麼?」開始,這通常代表情況很複雜,有很多變數。如果不運用提問技巧,我們可能很快就會陷入困境。占卜者可能會選擇與問題不搭配的牌陣(因為我們沒有真正瞭解問題),例如大多數人初學時會使用的「過去、現在、未來」三張牌牌陣。以下是這個情境的範例:

選擇基本的三張牌牌陣,希望它能給我們一個足夠概括整體的答案來滿足問題的需求(請注意,我會一次翻開所有牌卡查看,通常不會一次翻一張。)

```
   ┌───┐ ┌───┐ ┌───┐
   │ 1 │ │ 2 │ │ 3 │
   └───┘ └───┘ └───┘
```

1. 過去
2. 現在
3. 未來

我們抽出：

1. 過去：正義

2. 現在：錢幣五

3. 未來：聖杯國王

正義、錢幣五、聖杯國王

Chapter 6 解牌有一半的功夫與「提問」有關

那麼，一個典型的令人頭痛的解讀會如何進行呢？

「好吧……嗯，過去是正義牌……也許這意味著你的女兒非常……呃，她有一份公平的成績單，她的考試成績也不錯？好吧，聽起來似乎合理，既然聽起來有道理，那就代表它是對的。對吧？現在是錢幣五，好吧，看起來你可能沒有很多錢，呼，這個比較簡單。而未來是聖杯國王……嗯……這真是令人頭痛。聖杯國王是她爸爸嗎？是學校嗎？這是什麼意思？」

這次占卜感覺沒有幫助，是嗎？含糊的問題＋不適合的牌陣＝混亂。另外，在這種情況下，我們期待一張孤獨的塔羅牌能夠講述她女兒過去的全部經歷，並與上大學有關；一張牌代表她的現在；一張牌代表她的未來？可憐的塔羅牌！我們的要求多麼艱鉅啊！另外，我們為什麼要回顧過去？這無關緊要，因為問題是關於未來的狀態，而不是已發生的事情。更多與此相關的細節可能會改變過去，但我們還不知道，因此我們可以將解牌專注在特別要求的內容上。

我們浪費牌卡在回答不重要的問題，但卻沒有足夠的牌卡解釋我們真正想知道的內容。如果我們只使用三張牌，就必須謹慎使用它們。提出模糊的問題並使用不適當的牌陣來完成任務，這樣只是在限制塔羅牌的能力。我們讓它的難度變得比所需要的更高！

給占卜者的小提示

掙扎的感覺就像占卜過程中的「故障警示燈」。如果你發現自己感到掙扎和緊張，通常代表問題或牌陣有些不對勁。有時這意味著你與問題保留的距離不夠，尤其是當你與問卜者太親近時。然而，為他人占卜時，親密程度通常不是主要問題。如果你無法弄清楚發生了什麼事，可能是塔羅牌出於某種原因不想回答這個問題。雖然你的問卜者肯定想要得到答案，但如果感覺不合適就不要進行。

讓我們換個方式，並使用之前提到的提問技巧來建立針對性的問題。讓我們將「關於女兒上大學，我需要知道什麼？」細分成更小的部分，這裡有一些例子：

✦ 她會進入某大學嗎？

✦ 我們能負擔她上某所大學的費用嗎？

✦ 她會順利適應大學生活嗎？

✦ 她的成績會好嗎？

✦ 我能否好好跟她道別，並適應新的空巢生活嗎？

在這種情況下，我們不關心女兒上大學的過去或現在。既然我們想知道的是未來，為什麼不使用全部三張牌來討論未來呢？請記住，不要將它們僅視為一個未來，而是將它們看做一

Chapter 6 解牌有一半的功夫與「提問」有關

個整體敘述。當然，過去和現在的情況會影響精確度，但我們可以利用提問技巧來確認如果問卜者去探索它們，是否對占卜有幫助，例如：「針對這個問題，關於你女兒的過去有什麼是你想知道的嗎？」

對於這樣複雜的情況，我更喜歡使用一系列小型牌陣，同時提出更具體的問題，這就是我所謂的「薄片（thin slice）」技巧。就像用小鑿子鑿出小塊的大理石，使雕像的形狀顯現出來。我們透過小部分的切鑿，為占卜帶來更高的準確性。

讓我們從上面的問題中選擇一個：「我們能負擔她上某所大學的費用嗎？」我之所以選擇這個問題，是因為在第一次占卜中出現了錢幣五，這對我來說是媽媽的核心問題。

「我們能負擔她上某大學的費用嗎？」

權杖十、戀人（逆位）、皇后

我的解讀：「是的，妳會的（我經常將戀人牌視為一般的親密關係和浪漫）。這會很困難（權杖十），但妳會做到的，因為妳是媽媽，而這正是我們（皇后）所做的事情。」

這看起來是不是更有幫助？是不是感覺解讀起來更容易理解？我們不需要將每張牌限制在單張位置含義的小牢房中。它們喜歡互相交談；它們**想要**互相交談。在本章後面還會舉出另一個更詳細的範例。

給占卜者的小提示

不要更改問題以配合牌卡。如果你的問卜者詢問是否要養一隻小狗，那麼占卜的內容應該聚焦在是否要養一隻新小狗。這不一定是關於她對養小狗的感受或小狗是否會喜歡她。讓占卜集中在問題上，這些牌卡正在回答你提出的問題，而不是其他問題。但請記住，這不是一條硬性規定；總有一個「塔羅優先介入」的運作。

最後，我們進行占卜時，也會因為不同的目的進行解讀。雖然我們都知道解牌內容可以是預測性的，但它們也可以是診斷性的（澄清正在發生的事情或消除困惑）和指導性的（提供建議）。也許這就是祕密的第五根支柱，也就是**原**

Chapter 6　解牌有一半的功夫與「提問」有關

因。為什麼你在此時此刻解牌給這個人聽？你以什麼方式為他們服務？有時答案出奇地複雜。

讓我們來看另一個例子。請注意，我使用的技巧包括第三方占卜。第三方占卜是指你正在占卜有關當下不在現場的人。有些人不進行第三方占卜，有些人會做；選擇權在於你。

問卜者：「請談談我的愛情生活。」

占卜者：「好的，你是單身還是正在一段關係中？」

問卜者：「我在一段關係當中。」

占卜者：「太好了！你想談談關係中的問題還是關係中的某件事？或是這段關係的走向？」

問卜者：「我想知道它的走向。」

占卜者：「沒問題，請告訴我更多這段關係的訊息。」

問卜者：「喬和我交往五年了，但他還沒有求婚。」

占卜者：「好，所以你想知道喬是否會向你求婚？」

問卜者：「是的，但喬是已婚狀態。他們已分居，但還沒簽離婚文件。我一直纏著他問這件事，但他還是沒有行動。我能做些什麼來幫助解決這個問題？我們真的會結婚嗎？」

問卜者對占卜有兩個需求。由於她已經瞭解了痛點（喬仍已婚）並且知道自己希望的結果（與喬結婚），因此我們可以

打造兩個牌陣：一個用於釐清實際造成痛點的原因，另一個用來看看問卜者能為此情況做些什麼。

寶劍皇后、寶劍騎士（逆位）、錢幣五

✦ 讓喬還在猶豫是否要和妻子離婚的真正原因是什麼？
✦ 問卜者可以做些什麼來推進這個過程？

第一個牌陣需要對喬和他的妻子進行診斷占卜。既然我們要找的是喬的痛點，我們可以直接問這個問題：「為什麼喬仍和分居的妻子維持婚姻狀態？」

✹ 我的解讀

牌面顯示女王看著騎士；騎士呈逆位，從女王身邊跑向錢

Chapter 6 解牌有一半的功夫與「提問」有關

幣五。喬的妻子可能對離婚的要求很高。她伸出手來,想從喬那裡得到一些東西,並且舉起她的劍,毫不妥協。喬正努力離開她(對我來說,這裡的逆位表明他渴望擺脫現在的妻子)。他失去了平衡,似乎心煩意亂。他想離開妻子,但她仍然對他有影響力。他擔心離婚會導致財務困難。

☀ 我的答案

喬仍維持已婚狀態是因為他沒有離婚所需要的資金。釐清這一點很重要,因為解牌的內容讓我們的問卜者放心,這確實是一個財務問題,而不是他仍然與妻子有情感連結或希望復合。此外,我們對他的妻子也有深入的瞭解。她以寶劍皇后的身分出現在占卜中,這一點非常能說明問題(我知道寶劍皇后指的是妻子而不是女朋友,因為我們問的是關於喬的離婚,而不是其他浪漫關係。通常出現的任何宮廷牌都是直接與該問題相關的人。)

妻子對喬施加了很大的壓力。在占卜中,她正盯著他,而他正奔向錢幣五。另外請注意,它們都是寶劍牌,強調了這不是情感上的聯繫。她是女王,他是騎士,這說明了他們之間的權力差異。

可能還有許多其他事情也在發生(例如孩子、姻親等),

但因為它們並不是主要的痛點，所以在這種情況下的影響力較小。在三張牌的解讀中，牌面上出現的通常是最重要的事情，但不一定是唯一重要的事情。

既然我們已經讓問卜者放心喬沒有暗中愛著他的妻子，而且這是一個財務問題，我們可以根據第一個問題所揭露的內容來改變第二個問題。由於問卜者對這種情況基本上無能為力（除非她中樂透並想幫助喬擺脫困境），我們可以提出一個指導性問題：「對於喬面臨離婚所帶來的財務問題，能解決這個問題最快速且最佳的方法是什麼？」

我不會每次占卜都使用三張牌。通常，我會不斷地把牌卡排成一列，直到我得到令我滿意的敘述為止，這意味著它正在回答問題。牌卡需要告訴我一個連貫的故事，有時需要更多牌卡才能做到這一點。以下是我對第二個問題的回答。

Chapter 6 解牌有一半的功夫與「提問」有關

寶劍六、高塔、力量、
月亮、錢幣九、聖杯八

+ 寶劍六：這代表喬仍在處理困難的情境。
+ 高塔：喬意識到，如果他處理得不好，這場離婚可能會十分難堪。

- ✦ 力量：喬一直試圖馴服獅子（他的妻子），但是……
- ✦ 月亮：妻子不願意和喬配合，她把喬蒙在鼓裡。
- ✦ 錢幣九：妻子想要過著舒適的生活，或覺得她應該從婚姻中得到所有的金錢（或財產）。
- ✦ 聖杯八：喬可能必須接受他的損失並放手，這樣才能獲得自由。

請記住，問題是問喬應該做什麼，而不是預測結果，因此每張牌都專注於回答以下問題：「喬可以快速解決離婚所帶來的財務問題之最佳方法是什麼？」請記住，每張牌都是回答這個問題的一部分。我們也可以推測，喬可能希望他的妻子改變心態，在財務面變得更加友善。解牌內容強調了妻子的狀態（第一次占卜為寶劍皇后，第二次占卜為錢幣九），她很嚴厲，顯然有財務動機。當解牌內容出現重複訊息時，我理解到這是因為問卜者需要多次聽到這些訊息，因為問卜者以某種方式極力抵制或否認真相。

雖然占卜內容是關於喬和他即將成為前妻的人，但它也與問卜者相關。塔羅牌提供問卜者關於喬的建議，這將促使她做出選擇，決定如何繼續前進。如果我針對喬進行占卜，答案很可能會以完全不同的方式呈現。請記住，牌卡在揭露訊息時總是會考慮問卜者。

Chapter 6　解牌有一半的功夫與「提問」有關

　　就第二個問題,考慮到問卜者,我可能會這樣說:「身為女朋友,你可以做的就是幫助喬接受損失並繼續前進,你甚至可以幫助他減輕重建財務的恐懼,或你們可以討論如何一起重建你們的財務生活。」

　　你能相信我們是從「關於我的愛情生活,我需要知道什麼」開始,最終到達此地的嗎?當我們幫助問卜者找到正確問題,並使用真正回答問題的占卜素材、弄清楚占卜的最終目的是什麼時,很快就會獲得十分強大且有幫助的內容。

活動

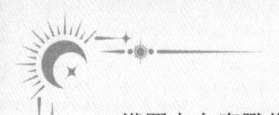

從故事中擷取問題：
他們真正想問什麼？

以下是你可能會在典型的情感關係建議專欄中看到的內容。閱讀這些敘述，並回答最後面的問題。

範例 1

我男友拒絕見我的父母。我們已經交往三年了。

我和這個人交往三年了，你可能會認為我們已經見過彼此的家人。我還要補充一點，我們有大約兩年是遠距離戀愛，但我每年會見他大概六次，每次見面時間都很長。

我還沒見過他的家人，他也沒見過我父母。他是個非常注重隱私的人，每次我提起這個話題，他都會懷有戒心並拒絕。他的理由是，他喜歡花時間和我在一起，以此來逃離工作中需要交談的其他人。與我的父母見面會擾亂現狀。這是正常的嗎？我考慮結束這段關係，但我真的很難過。我希望以成熟的態度面對這一切。我試著和他溝通，但他不願意談。

範例 2

父母對我們這些孩子搬出去感到害怕和悲傷。

我和我的姐妹們從未搬出父母的家。我大姐三十二歲了仍住在家裡。我們幫助父母償還抵押貸款和帳單，因為我媽已經無法工作。她有一些積蓄，但不足以維持退休生活。我父親存了一些退休金，但同樣不足以維持他們的生活，所以他有全職工作，同時又兼差。我的父母從另一個國家移民過來，在那個國家，未婚子女與父母同住到成年是很常見的。

我和兄弟姐妹賺的錢都比父母多，所以有能力搬出去。我不急，但男友很著急，他說他討厭我們沒有自己的地方。問題是，我認為我媽媽開始感受到她的年歲將至，意識到自己正在變老，離死亡越來越近（顯然不是非常接近，但比她想像的時間來得更近）。她有幾位朋友去世了，所以她非常沮喪和焦慮，幾乎每天晚上都會恐慌發作。

昨天我姐說要搬出去，我說我也要搬出去。我媽開始哭，這讓我感覺很糟。我從來沒見過我媽哭。我不知道如何幫助她或可以做些什麼。在我的文化中，孩子們會在父母無法工作後照顧父母，但我想在這之前擁有一些自由。我可以告訴我媽媽什麼，讓她不再擔心我們會拋棄她？

針對每則敘述的提問

✦ 他們具體請求你占卜什麼內容？

✦ 他們此時需要從塔羅牌得到什麼？

✦ 痛點是什麼？是否有多個痛點？

✦ 除了明確詢問的問題之外，你還看到了哪些其他問題？

✦ 如何把問題「切片」以提供幫助，例如：除了明確要求的內容之外，你還發現了哪些間接問題？

✦ 目前有什麼可能是與占卜無關的內容？

✦ 應該從另一個人的角度進行解牌嗎？

一旦你為自己回答了這些問題，就可以連續抽出一列牌卡。從三張牌開始，只有當你覺得三張牌無法提供完整敘述時才添加更多牌卡。每個問題之間請重新切牌和洗牌。

Chapter 7
多層次塔羅解牌技巧

坦白告訴你，這一章是我最難寫的章節。過去有很長一段時間，我解牌的方式完全是順勢而為，而且大部分是無意識的。我會為別人解牌，當他們想知道我如何看到這些訊息時，我無法解釋清楚。我花了很長時間才理解並分析出我在占卜中所做的一切，以及為什麼這些方法會有效。

當你閱讀本章時，你可能也會注意到一些自己做過但無法明確解釋的事情。如果我能幫助你辨識出自己的塔羅占卜風格，那將會是巨大的收穫。如果這對你來說是全新的概念，那麼我希望我能為你帶來新的洞見。請記住，這只是解讀塔羅牌的眾多方式之一，每個方式都是平等的。我們都是帶著自己的觀點來到塔羅面前，無論我們以何種方式進行解讀，牌卡仍然能忠實、令人驚奇且清晰地呈現結果。為我們歡呼！

分層解讀塔羅牌意味著在解讀中建立多層的意義。雖然我不是麵包師傅，但我在解讀塔羅牌時，會想像自己在烘焙一個

千層蛋糕。我來回審視牌卡，建立意義之間的連結，這些連結就像一個支架，讓我從中建構更多的意義。

不幸的是，對於稍微不同的解讀方式而言，並沒有簡單的規則。然而，我們可以透過大量占卜、反覆試驗來確定那種感覺，這就是為什麼我會盡早教導流暢度。解讀塔羅可以建立類似肌肉記憶，你必須透過大量練習才能感受這一點。

你已經在某種程度上理解我將要介紹的內容，因為前面的章節已經為接下來的內容奠定基礎。目前為止，我們已經練習了如何動態解讀塔羅牌——視它們為一本圖文小說，每張牌都是通往另一張牌的畫面，而不是讓每張牌孤零零地處在牌陣中。我們探討了獲得超感知感應的感覺，並探討牌的精神和哲學基礎。我們也研究了如何提出正確的問題。前面幾章對於我們進入這一部分是必要的，接下來我們將所有內容整合到塔羅的「千層蛋糕」中。

我的多層次解牌技巧分為兩部分，總共十二個步驟。第一部分有六個步驟，包括為良好的解牌流程奠定基礎、提出好的問題，以及透過牌陣來辨識牌卡所陳述的故事。第二部分也有六個步驟，講述如何處理你所得到的訊息。在第一部分中，你正在解碼傳達給你的訊息；在第二部分中，你正在探索訊息的意義，包括明確表達的內容以及可能暗示的部分。

Chapter 7 多層次塔羅解牌技巧

　　首先，我們將逐步解釋每個步驟的含義，然後一起解讀一個範例。最後，我將與你分享解讀完成後你可以做出的選擇，以及許多額外的小訣竅，讓我們開始吧！

多層次塔羅解牌技巧：第一部分

步驟1：占卜者與問卜者

　　這是所有解牌的起點，當我們保持放鬆和開放時，就會產生強大的占卜效果。從一個放鬆的狀態開始，因為你願意解讀，並且對你正在占卜的對象感到舒服。確保你的問卜者處於容易接受的心態。保持冷靜、樂於接受。在一個不受打擾的地方進行占卜會是理想的選擇。

步驟2：問題

　　如上一章所述，你學會了與某人合作以確認「痛點」或基本問題。在我的塔羅解讀風格中，找到正確的問題是有效解牌的核心要點。請記住，想要有良好的解讀，有一半的努力在於找到正確的問題。

☀ 步驟 3：直覺感受

當你抽出牌卡並翻開後，先看一下牌卡，不需要馬上從邏輯上解讀含義。還記得第三章的 FUMI（快速、冷靜、多重感知）嗎？你必須以此作為第一步，因為我們的超感知會迅速地出現。

塔羅牌似乎可以觸發來自其他地方的靈感。你會得到一些感應的衝擊，這些衝擊可能不是來自牌卡本身，而是牌卡以意想不到的方式觸發了它。也許當你看著牌卡時，腦海中會生動地浮現一個被燭光照亮的房間。不要因為它不是來自牌卡就小看它，請接受所有出現的內容，讓它們脫口而出。現在先不要試圖推測意義，只要把你所看到的表達出來。

當你注視牌卡時，請留意你的目光走向何處。什麼最吸引你？牌卡的哪些圖像似乎吸引你的注意？它們可能在告訴你什麼？哪些感覺是流動的，哪些感覺是阻礙的？你的直覺告訴你什麼？

Chapter 7　多層次塔羅解牌技巧

> ### 給占卜者的小提示
>
> 　　當你第一次為別人占卜時,請告訴他們有時你可能會在取得靈感時沉默不語。人們常常對沉默感到不安,會用說話或提問來填補沉默,或坐在那裡感到擔憂。提前讓他們知道會發生什麼,有助於讓他們和你保持放鬆。但如果你沒有得到任何訊息,就繼續往下一步去;如果沒有任何進展,不要在這裡待太久,也不要過度認真。有時我們就是感覺不到,這是很正常的。

✹ 步驟4:動態觀察

　　觀察這些圖案。哪裡有動作?如果有人物的話,他們是看向某個方向還是避開?有什麼在墜落或彼此相撞?色調如何?是明亮的、黑暗的,還是從明亮過渡到黑暗?只看物理特性的話,牌面中的圖像告訴你什麼?即使你不解讀逆位牌,也要注意逆位所指示的動作。現在是否有元素正在遠離?如果是正位的話,是否會改變解讀的方向性?動作是否受到某種阻礙,或看起來像是從懸崖上掉下來?(如果你所有的牌卡都維持正位,那也沒關係,仍然有很多動態元素可以解讀。)

> **給占卜者的小提示**
>
> 動態的解牌能力會因牌組而異，有些牌組比其他牌組更容易做到這一點。如果你的牌卡較少動態（例如以馬賽塔羅牌為基礎的牌組大多都是靜態圖像），你仍然可以使用它，但它在這方面能提供的資訊比較少。就我個人而言，我喜歡有人物動作和活動的牌面，因為這給了我更多可以解讀的資訊。

步驟 5：分類

有多少張大牌和小牌？有宮廷牌嗎？有很多逆位牌嗎（如果你有解讀逆位）？在小阿爾克那牌中，編號較高的牌比編號較低的牌多嗎？是否有很多相同的數字出現，例如全部的七都出現了？是不是有些牌卡似乎重複出現？當你將得到的牌卡進行分類後，是否能發現某種模式呢？

步驟 6：傳統意義

每張牌的傳統意義是什麼？如果將每張牌視為一句話，那麼這組牌會如何創造一個有意義的段落？你覺得用這些牌寫出一個有意義的段落是輕而易舉的呢？還是很困難？

Chapter 7　多層次塔羅解牌技巧

☾ 多層次塔羅解牌技巧：第二部分

解讀的第一部分是建構故事。現在，在第二部分中，你要開始分析這個故事，解碼牌義的敘述以獲得更多資訊。第五章的內容涵蓋了這些步驟的基礎知識，這就是我們看到塔羅智慧發揮作用的地方。

✺ 步驟7：語氣

如果占卜有說話聲調，它是如何對問卜者說話的？是對他們大吼嗎？還是安靜含蓄的呢？是溫柔且讓人安心的嗎？占卜的音量大小如何？是大聲呼喊還是輕聲細語？

✺ 步驟8：缺失的部分

占卜中是否有任何你認為應該出現，但實際上卻消失的東西？你是否感覺到某人或某個面向以某種方式被隱瞞了？留意占卜中的「空白」，哪些內容沒有被提及，而你認為這可能是為什麼？

✺ 步驟9：強調

我們知道塔羅占卜提供的是一種預測，而不是「最終答案」的預測。它展示了所有可能路徑的其中一部分。那麼，為

什麼這個特定的路徑會在此時以這種方式呈現呢？占卜內容試圖讓問卜者去做什麼、理解什麼或重新評估什麼？為什麼問卜者現在需要以這種方式聽到這個故事？

☀ 步驟 10：無關的部分

在問卜者的問題中，是否有某些部分特別沒有被回答？你認為塔羅牌為什麼沒有提供這方面的資訊？

☀ 步驟 11：提供的方式

你是否感覺到占卜所強調的某個面向反映了問卜者某些獨特的性格特徵或心態？為什麼這個人的解牌內容聽起來是如此？單就現在牌卡所提供的訊息，你是否能推測他們的個性或他們當前的處境？

☀ 步驟 12：後續行動

在不斷來回查看的解讀過程中，會發現一些零碎的訊息可以補充到前面的步驟中。你可以隨時回到早些的解牌內容，添加更多資訊或細節。這不是一個靜態的過程，並不是解讀完畢就此打住了。

Chapter 7 多層次塔羅解牌技巧

給占卜者的小提示

雖然我提供了一系列的線性步驟，但請不要認為一定得遵循這種方式。對此我唯一的明確規則就是先踏出感應的第一步。除此之外，這些見解可能會以它們獨特的順序出現在你腦中。雖然一開始會讓人感到不知所措，但你很快就會掌握這些步驟，直到感覺非常自然。事實上，你甚至會認為這些步驟有點太繁瑣了，因為它們很容易相互重疊。

☾ 綜合解讀案例

讓我們用一個範例來總結這些步驟。

問卜者的問題：「我是一名十七歲的男性。父母的婚姻對我留下永遠的創傷。他們都是有明確主見、好鬥、固執、甚至有時會尖酸刻薄的人，常常說對方家庭的壞話。他們有相處融洽的時候，也有不好的時候，還有十分混亂的時期，這段婚姻就像雲霄飛車。它大幅改變我對婚姻的看法，我非常討厭這樣。我該如何克服這一點？」

我將他的故事重新表述為一個適合塔羅占卜的問題：「我該如何擺脫來自父母的創傷，讓我將來能夠對自己的婚姻持開放態度？」

接著，我抽出了高塔、權杖十、愚人（逆位）、錢幣騎士和錢幣國王。

高塔、權杖十、愚人（逆位）
錢幣騎士、錢幣國王

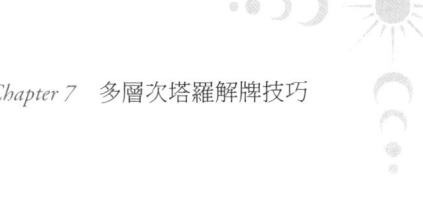

Chapter 7 多層次塔羅解牌技巧

※ **直覺的解讀**

首先我的直覺浮現了父母大聲爭吵的畫面，嚇壞了當時還是小男孩的問卜者。騎士和錢幣國王代表同一個人：問卜者。高塔也代表問卜者；他是父母爭吵的承受者，消化了負面情緒和壓力，對於父母維持婚姻關係發揮了重要作用。

※ **動態的解讀**

我覺得很有趣的是，高塔位在第一個位置，但你會看到其他牌都是一個人走向新的方向，遠離高塔，就連逆位的愚人也在朝著與其他人相同的方向走去，遠離高塔的麻煩。這些圖像以這種方式向我暗示，問卜者下定決心不再重蹈他父母的覆轍。請注意，由於我正在解讀牌面的動態性，因此我注意到逆位的愚人是和其他人物走往相同的方向。

※ **類別的解讀**

我們有兩張大阿爾克那：高塔和愚人。數字方面，我們有一個 16 和一個 0，這讓我覺得他是在十六歲的時候開始理解家庭是如何影響他；0 是他開始掙脫束縛的時刻。有兩張錢幣宮廷牌，先是騎士，然後是國王，這似乎暗示著他的成長歷程。此外，兩張錢幣牌為答案添加了大量的土能量。

🟅 傳統的解讀

高塔（混亂和毀滅）、權杖十（負擔過重）、愚人（新的開始）、錢幣騎士（一個穩定的人格走在通往某事的旅程上）和錢幣國王（問卜者個人角色的和解或實現）告訴我一個完整的故事：他父母的婚姻對每個身在其中的人來說都是地獄。問卜者將繼續為自己的進化而努力。愚人表示問卜者能夠與過去徹底決裂，從一個穩定、冷靜、善良的年輕人成長為一個具備同樣特質的成年人。

給占卜者的小提示

我不會在本書過多探討逆位牌，但如果你在範例中遇到逆位牌，請讓我分享我的做法：如果逆位牌能增加敘述的內容，使其更加合理或深化，我就會解讀它們；如果逆位牌感覺像是一個絆腳石，或者它就是無法與其他牌卡一起流動，那麼請將其視為正位牌。這是可以的，塔羅牌協會不會來找你，你的占卜也不會受到影響。

🟅 語氣的解讀

我覺得這裡的語氣是令人安心的，並以問卜者為中心。我感覺占卜的內容是在說：「嘿，你不必擔心這個。你永遠不會

像他們一樣,所以你的婚姻也永遠不會與他們相同。」這種語氣同理了他的恐懼,並透過提醒他是誰、他的本質是什麼來減輕問卜者的恐懼。

☀ 缺失的部分

有些缺少的內容引起了我的興趣。占卜並沒有透過預測問卜者的婚姻來安撫他。它並沒有真正回答「我該如何克服這個問題?」事實上,占卜沒有直接回答他的問題,而是讓他放心,向他保證他會沒事的。

有趣的是,這篇解讀似乎巧妙地回答了問卜者提出的一個深層問題。讓我們再看一次他的問題敘述,並集中注意這些微妙之處:「我是一名十七歲的男性。父母的婚姻對我留下永遠的創傷。他們都是有明確主見、好鬥、固執、甚至有時會尖酸刻薄的人,常常說對方家庭的壞話。他們有相處融洽的時候,也有不好的時候,還有十分混亂的時期,這段婚姻就像雲霄飛車。它大幅改變我對婚姻的看法,我非常討厭這樣。我該如何克服這一點?」

如果你仔細看,就會發現我們的問卜者從談論父母的性格特徵作為開始。雖然他沒有直說,但我的感覺是,他認為婚姻不順是因為他們的不良性格特徵所致。我認為他真正想

問的是（而塔羅牌的確回答了）：「我注定會變得像他們一樣嗎？」

另外，這裡也缺少壞消息。沒有任何跡象表明他會在愛情和婚姻上失敗，或者注定要在某個洞穴裡過著孤獨心碎的生活。**沒有好的預測並不意味這是一則壞的預測**，告知他「沒有壞的預測」也很重要，因為我們不希望問卜者得出未必正確的結論。

給占卜者的小提示

儘管我花了一整章的篇幅來幫助你找到正確的問題，但它仍然會讓你感到困惑，就像這個範例一樣。令人驚訝的是，塔羅牌總是會理解這一點，並且回答問卜者內心深處、我們最初都沒看到的問題。事實上，我只能透過查看塔羅牌的答案並推斷為什麼它會以這種方式回答，來看出真正的問題所在。

☀ 強調的重點

透過表明他將成為什麼樣的人（從錢幣騎士到錢幣國王），占卜強調了問卜者現在和將來都是一位穩重、深思熟慮、仁慈且本質上會避免戲劇化情節的人。在更深的層面

上,我聽到占卜說:決定婚姻好壞的,是性格和人們處理衝突的方式,而不是婚姻本身。我知道必須向問卜者明確說明這個關鍵概念,我的直覺告訴我:他需要特別聽到這件事。

☀ 不相關的部分

這次占卜基本上忽略了問卜者關於「我該如何……?」的問題,這意味著雖然他覺得父母讓他對婚姻感到不滿,但事實並非如此。隨著他從「愚人」過渡到「錢幣騎士」再到「錢幣國王」的過程,我覺得一旦他搬離原生家庭並開始自己的生活後,他對此事的感受就會發生變化。他現在的感覺是因為他正處於其中,但解牌的內容強調他正在繼續前進,因此我必須明確地說明這一點:「雖然你擔心這會影響你未來的婚姻生活,但我認為一旦搬離後,這個問題可能就不會對你那麼有影響力了。」

☀ 訊息提供的方式

我們的問卜者仍在試圖弄清楚自己是誰,需要被保證他正在成為一個與父母完全不同的人。我的感覺是:他之所以成為現在的他,可能是因為他扮演了避雷針(高塔)的角色;他接住了父母的火氣,並找到了一個地方去釋放它。

※ 後續行動

在這段占卜之後，我有了更多額外的見解。占卜的內容預測了將要發生的事情以及他將成為什麼樣的人，所以我相信問卜者的父母正在離婚的路上，而問卜者還不知情。權杖十也表明了他在超越父母的過程中所扮演的角色，這可能包括他在幫助父母結束這段失衡關係中所扮演的角色。

正如你所看到的，雖然我盡力將占卜的不同面向分解為不同的步驟，但它們之間經常有所重疊。你可能會得出這樣的結論：你無法完全解釋你是如何得到你所知道的訊息。這就是你的直覺思維在發揮作用。隨著時間經過和不斷的練習，這個過程應該會變得相當流暢和自然。

給占卜者的小提示

有些步驟你可能不太清楚，沒關係，如果你覺得自己在某個步驟卡住，請不要擔心，跳過它並繼續前進，它可能會在稍後的解牌過程中觸動你（或根本不會）。這仍然會是一次很好的占卜。有時候塔羅牌會決定讓某些事祕而不宣。成為優秀占卜者的其中一個能力是知道什麼時候無法取得訊息，並僅利用你所擁有的訊息內容來進行解讀。

Chapter 7 多層次塔羅解牌技巧

　　只要你從不同的角度看待牌卡，你就可以從中提取出大量有趣的訊息。雖然看起來步驟繁多，但隨著練習和時間的推移，它會自然而然地發生，而你僅憑幾張牌卡就能獲得豐富資訊的能力，也將使你占卜的對象感到高興和驚訝。

活動

辨識占卜中的層次

以下是一個範例問題以及我為其抽出的牌卡。你需要做的是按照步驟填寫你的解讀。

* **範例問題**

每當發生任何事情時，我媽媽的第一個想法就是有人在試圖破壞我們的家庭或我們的東西。例如，我們的帳篷裡出現了一個洞，她會聲稱是惡毒的鄰居在晚上這麼做。這種思維模式在她身上屢見不鮮。

從小到大，我總是把她說的一切當作事實。隨著年齡增長，我開始發現問題不在於周遭的人，更像是她對情況的詮釋。那麼，每當她說出一些偏執的話時，我要如何讓她的想法貼近現實而不讓她覺得被操控？她常常覺得全世界都在攻擊她而變得非常焦慮，我只是想幫忙。簡而言之，我該如何幫助我媽媽重塑她的偏執想法，但又不讓她感到被否定？

Chapter 7　多層次塔羅解牌技巧

錢幣七、寶劍六、錢幣九、
權杖九、寶劍皇后

第一部分

✦ 直覺的解讀：最初的心靈感應。

✦ 動態的解讀：牌卡中的人物移動情況如何？

✦ 類別的解讀：有幾張大牌、小牌及數字的分佈？

✦ 傳統的解讀：將傳統意義融入敘事中。

第二部分

✦ 語氣的解讀：占卜是如何說話的？為什麼？

✦ 缺失的部分：有哪些內容應該存在但實際上卻沒有？

✦ 強調的重點：什麼是占卜特別花時間討論的事？

✦ 不相關的部分：塔羅牌似乎主動忽略了什麼？

✦ 訊息提供的方式：為什麼要以這種方式講述這個特定的故事？

✦ 後續行動：在占卜過程中，你還得到了什麼額外資訊嗎？

Chapter 8

宮廷牌也是人

無論問題是關於工作面試、婚姻問題、令人憤怒的青少年孩子,還是為什麼樓下的同事這麼討厭——大多數問卜者都想瞭解自己、他人以及彼此之間的關係。一般來說,如果你正在為某人占卜,解牌內容往往會涵蓋以下主題之一:

- ✦ 理解某個情況或某個人。
- ✦ 對某個情況或某個人提出建議。
- ✦ 對涉及某個情況的人們進行預測。
- ✦ 瞭解某人是如何被看待或被他人理解。
- ✦ 瞭解他們是誰或將成為什麼樣的人。

為別人解讀塔羅就是解讀關於人的事。在這疊牌卡中,哪些牌代表人呢?沒錯,就是宮廷牌!所以,當你掌握了宮廷牌後,在為別人占卜時就能游刃有餘。隨著時間的推移,宮廷牌已經成為我最喜歡的牌卡,因為它們用途很廣泛。

許多人很難感受宮廷牌,它們往往是新手最後才能理解洞

悉的牌，因為宮廷牌不僅代表人物，在占卜中，它們也可以代表行動、建議或狀態。這些可能性使它們成為最靈活（也最複雜）的牌卡之一；此外，宮廷牌還具有悠久的歷史、對應關係和屬性，導致更多的混亂而非清晰。

☾ 不要拘泥牌義對照表

有些人會去尋找「隨取即用」的解牌系統，他們可能會在牌義對照表中得到解脫，因為對照表可以為我們提供線索，告訴我們宮廷牌可能是指誰。例如，聖杯皇后經常與美麗、白皙的皮膚、淺棕色頭髮、淡褐色眼睛、巨蟹座和妻子相對應。然而，如果我們把宮廷牌視為一個亙古不變的方程式，可能就會錯過塔羅牌實際上想告訴我們的內容。

當我開始為自己解讀塔羅牌時，總是會出現權杖皇后，表示正在占卜的內容是關於我自己的。然而，如果我遵循權杖皇后的傳統對應關係，我可能會忽略自己的牌組正在試圖告訴我的內容。權杖皇后在傳統上對應西方占星學中的火象星座，但我的太陽星座並不是火象星座。如果我只是僅僅依據塔羅牌的傳統對應，可能會錯過對自身的深刻洞察。

Chapter 8 宮廷牌也是人

☾ 時間的考驗

多年來，宮廷牌的意義不斷被各個世代的牌卡創造者和作者添加和建構。這些含義就像是時代的印記，或許在當時很有關連，然而放在現代卻不一定如此。你可以利用單字雲輕鬆瞭解這些含義的歷史。將所有牌卡附帶的小冊子、塔羅書籍和網路資源中的宮廷牌屬性輸入單字雲生成器中，重複次數愈多的單字，字體就會愈大，而最大的單字通常是最古老的。以下是我為寶劍皇后做的單字雲。

寡婦
守寡的 孤獨的 優雅的
機敏的 尷尬的
憂鬱的
傷痛
勇敢的 誠實的 詮釋者
盡忠職守的 擅於觀察的
個人主義者 真實的 哀悼者
感覺靈敏的
自信
轉換 接受 缺席 公平的
聰慧的
哀悼 和藹的 寡居
緊張的 難過 冷酷的
智慧的 精確的
受懲戒的 無法生育的
尖銳的 敏銳的

寶劍皇后單字雲

169

有趣的是（如果沒有意外的話），寶劍皇后被賦予了傳統女性角色的刻板印象。你會看到幾個表明寡婦身分的詞（和你劇透一下，我從來沒有在任何國王牌卡中找到「鰥夫」這個詞）以及她無法生育的能力。女人曾被定義為妻子和母親的角色，而這個單字雲清楚地表明了這個傳承下來的意義。雖然我相信閱讀塔羅牌歷史來瞭解過去的做法是值得且必要、有幫助的，但文化的濾鏡正在改變。那我們要如何決定該保留什麼呢？我們可以自己決定，不過，透過一個明智且有見地的方式會是個很好的起點。

讓我們簡要地瀏覽三本不同的書來表達我的意思。以下是韋特（A. E. Waite）的《韋特塔羅圖像解讀祕鑰》（*The Pictorial Key to the Tarot*，1910 年出版，中文新譯本於 2024 年出版）、格雷（Eden Gray）的《塔羅牌完全指南》（*A Complete Guide to the Tarot*，暫譯，1970 年出版）和塞諾娃（Melissa Cynova）的《廚桌塔羅牌學習書》（*Kitchen Table Tarot*，暫譯，2018 年出版）中對權杖皇后的描述。我用**粗體**代表三者中相同的單字和概念，同時將隨著時間變化的內容以底線表示。

韋特版（1910）：整組權杖牌都有葉子，因為它是一套<u>代表生命和活力的牌組</u>。在情感和其他方面，皇后的性格與國王的性格相對應，但更**有魅力**。占卜意義：<u>深膚色女性</u>、<u>鄉下女</u>

子、友善、貞潔、充滿愛心、高尚……還有對金錢的熱愛，或在商業上取得一定成功。逆位：好人、節省、樂於助人、可用之人。在某些位置和鄰近牌卡指向類似方向時，也可能表示對立、嫉妒，甚至是欺騙和不忠。

格雷版（1970）：選擇這張牌代表一個藍色或淡褐色眼睛的金髮女子。占卜意義：她有強大的力量能夠吸引她想要的東西，並且身心都成果豐碩。她熱愛大自然和家園，善於處理金錢，並在商業判斷方面很精明。逆位：專橫、固執、報復心強；可能會無緣無故突然與他人為敵。如果結婚了，她可能會不忠。

塞諾娃版（2018）：權杖皇后風趣又溫暖。腳踏實地、平靜。她友善且熱情好客……她精力充沛、充滿自信……占卜意義：權杖代表火焰和行動……黑貓象徵她前衛的特質……堅強而獨立……優雅……逆位：關於真正的自私自利。自私、刻薄、脾氣暴躁……她的自信要麼偏向害羞、要麼咄咄逼人。這名女子來勢洶洶。

讓我們比較一下共同的主題。有些語言的使用會隨著時間而發生變化，所以我會使用更現代的描述。即便歲月更迭，權杖皇后一直持有的主題是什麼呢？

- 吸引人事物的能力。
- 友好、歡迎的個性。
- 精力充沛。
- 自信。
- 友善。
- 有愛心。
- 善於理財。
- 擅長商務。
- 實際的。
- 有創造力。
- 樂於助人。
- 有控制慾。
- 故意刁難。
- 騙子。

很多關於權杖皇后的描述仍然保留下來，這些基本特質是你在現實中描述宮廷牌時可以依賴的。然而，有些特質會隨著時間發生轉變。

【發生了什麼轉變】

- 有關外貌的描述從詳細變成完全沒有。
- 權杖的意義從代表社會階層轉變為代表一個元素。
- 幽默感。

【這些年來新增了什麼】

- 兇猛。
- 侵略性。
- 強大。
- 思想獨立。

Chapter 8 宮廷牌也是人

我們的皇后正在進行品牌重塑！傳統上，每個花色都對應著某個社會地位。寶劍代表貴族，聖杯代表神職人員，錢幣代表商人階級，而權杖牌組則被理解為農民和軍人的花色。你可以在韋特對權杖皇后的描述中看到這一點，因為他使用了「鄉下女子」（和「深膚色女性」，因為在田野中勞作而曬黑）和「有用的」這兩個詞。然而，這張牌本身更傾向於黃金黎明塔羅牌中權杖與火元素的對應關係。在這裡，韋特似乎試圖將這位皇后的古老理解與他的魔法系統結合。他將兩者融合，隨著時代演進，火元素的聯想占據了主導地位，直到今天，許多占卜者都不知道這張牌與古老鄉村女孩的聯繫。

事實上，一百年前的權杖皇后似乎與今天的錢幣皇后更接近。這很重要，因為你會看到權杖皇后的品牌重塑是為了讓她的氣質變得「更加來勢洶洶」和更加活躍。我們的新皇后同樣堅強且思想獨立。她不會為任何人服務，不會的！

明白了嗎？實際上並沒有什麼「準則」，但是有很多層次存在，當某些層次被應用時，其他層次就會被沖淡。

☾ 把對你有用的內容組織起來

基本上，每張宮廷牌都是現代版的科學怪人。身為占卜者，你的工作是決定哪些部分適合你。以下這些指導方針可以

幫助你完成這個過程：
1. 蒐集三到五個來自不同時空背景的宮廷牌描述。
2. 確定是否有任何你想要添加的內容——每個人都有自己的看法。
3. 確定哪些內容對問卜者來說是相關且有幫助的。保留有用的，拋棄不必要的。
4. 現在，讓它變得真實及鮮活。

給占卜者的小提示

牌義會隨著時間的推移而變化。與其過度追求宮廷牌的準確性，不如專注在讓它們變得人性化。它們對你來說越真實，你就越能向問卜者傳達宮廷牌的意義。

☾ 為每個角色注入生命

接下來的靈感來自一本我時常回顧的舊書，我強烈推薦它（或類似的書籍），用來讓每張宮廷牌的角色變得生動，這本書是《你的神話之旅：透過寫作和講故事尋找生命的意義》（*Your Mythic Journey: Finding Meaning in Your Life Through Writing and Storytelling*，暫譯）。以他們的格式為出發點，我

Chapter 8 宮廷牌也是人

將為你列出一系列問題,幫助你將每張宮廷牌塑造成真實的個性,真實到他們彷彿會在占卜時坐在你身邊,在你耳邊低語。

☀ 公開的自我

這是宮廷牌容易被他人辨認的部分。

- ✦ 人們對這張宮廷牌的第一印象是什麼?
- ✦ 這張宮廷牌如何展現自我?
- ✦ 如果他們有一小時的午休時間可以隨心度過,他們會怎麼安排呢?
- ✦ 他們希望因什麼而出名?
- ✦ 如果辦公室八卦想告訴你一些關於這張宮廷牌的事情,那可能是什麼?

☀ 私下的自我

這是宮廷牌鮮為人知的部分。

- ✦ 如果這張宮廷牌可以違反一項法律而不受罰,那會是什麼?
- ✦ 這張宮廷牌嫉妒什麼?
- ✦ 這張宮廷牌害怕別人發現他們什麼祕密?

- ✦ 這張宮廷牌會幻想什麼白日夢？
- ✦ 這張宮廷牌暗自希望成為哪張其他宮廷牌？

☀ 未知的自我

這是宮廷牌潛意識的一部分。

- ✦ 這張宮廷牌經常做哪些惡夢？
- ✦ 這張宮廷牌的父母最害怕什麼？
- ✦ 什麼事情會觸發這張宮廷牌的情緒，看起來會是什麼樣子？
- ✦ 這張宮廷牌可能會逃避什麼？
- ✦ 這張宮廷牌在家庭中扮演什麼角色？

當你對宮廷牌有了全面的理解後，你就可以將你對他們的瞭解提煉成易於問卜者理解的敘述。將它們視為你的個人腳本，可以為你與問卜者互動時提供穩定基礎。

這是我根據錢幣國王的神話之旅，以及如果他是我想告訴問卜者的一位戀愛對象時，我會如何描述他。

【戀愛中的錢幣國王】

錢幣國王對傳統情有獨鍾。他是那種會透過「帶你去最好的餐廳吃晚餐」和「為你買任何你喜歡的門票」來吸引你的人。他不是最有創造力的國王，所以不要指望他會給你帶來驚

喜──你需要溝通並讓他知道你想要什麼。如果你喜歡肢體親密，這正是你想要的人。他的手無法離開你！他總是想牽你的手或觸摸你的腿；身體接觸是他主要的愛之語言。

錢幣國王志在追求穩定的關係。他是那種幾乎不會提離婚的人；只有最嚴重的過錯才會讓他離開。但請記住，他有點老古板。從好的方面來說，這代表著他會竭盡心力提供資源和給予保護。想成為家庭主婦嗎？他會非常高興。對於獨立的伴侶來說，他可能會顯得過於束縛。「沒壞就不用修」是他信奉的座右銘。

【與錢幣國王互動】

試著寫一段文字來解釋這張宮廷牌是什麼樣的人，就好像他們是你問卜者的情人、最好的朋友、兄弟姐妹、老闆、孩子或父母那樣。當你完成後，為你的問卜者選擇一張代表他的宮廷牌，並據此來改變你所說的內容。

我會像對寶劍皇后那樣對聖杯皇后說同樣的話嗎？不一定。我可能會強調一些關於這位國王與每位皇后有關或有挑戰性的事項。寶劍皇后可能需要知道，當她上街抗議時，這位國王多喜愛他的舒適生活。聖杯皇后可能需要知道這位國王表達愛意的方式更傾向是修復房子裡損壞的東西，而不是寫詩。

這些針對問卜者占卜的內容不一定是傳統意義上的「解讀」。解讀會揭示這些牌，但你對宮廷牌之間互動的理解能提供更深層的洞察，這會非常有幫助。例如，能夠占卜面試的情況並深入描述老闆的性格，以及他們正在尋找的人才特質，這對於求職者來說是無價的。

接下來的幾頁將會運用一些意想不到的方式探索宮廷牌，包括一些小技巧和訣竅。這些技巧是我在課程中經常仰賴的，而且往往隨著時間的推移被證明其準確性。宮廷牌的可塑性總是令人驚訝，正當我以為自己已經掌握所有關於宮廷牌的必要知識時，它們總會再次讓我感到驚喜。

☾ 以新的方式理解性別化牌組

我有一位出生時被歸類為女性的朋友，經常抽到權杖國王。我們常開玩笑說他有「老爹」的能量，但當他變性後，這一切就說得通了。還有一位正要結束異性戀婚姻的朋友，一直在詢問愛情，結果每次都出現兩位皇后。當我問她是否對女性感興趣時，她臉紅了，並害羞地微笑。

許多牌組正在擺脫其花色和宮廷牌的傳統性別表達，但請

記住，傳統牌組不一定總是導出傳統的解讀或含義。不要以貌取人！塔羅牌就是這樣不朽，就讓它帶給你驚喜吧！

> **給占卜者的小提示**
>
> 靈活看待性別。不要放棄最初看似與性別不搭的牌——它可能在表達一些你不知道的事情。然而，如果以性別的方式解讀這張牌讓你感覺不對勁，那就轉向描述其內在個性。

☾ 宮廷牌之於年齡與成熟度

就像性別是一種建議而非規則，年齡也是如此。我通常將侍者解釋為孩童時期，騎士為青少年至三十歲初頭，皇后和國王則是成年人。但這只是比較寬泛的解讀。當它不是直接替代年齡區間時，我也傾向於將宮廷牌視為關係動態中的成熟度和權力。

我不止一次看到某人的成年男友以侍者的形象出現，也很常聽說成年男子仍和他的媽媽住在一起。我還看過當占卜出現令他們高興的內容時，成年人就會以侍者的形象出現，主要是因為內容中的某些東西為他們帶來純真的喜悅，或者他們正在開始一些全新的事物。

我還見過患有癡呆症或其他疾病的年邁父母，在像孩子一樣被照顧時以侍者的樣貌出現。然而，最悲傷的情況之一是，成年父母以侍者的身分出現，而他們的未成年孩子則以國王或皇后的身分出現。我對塔羅牌的哲學是：**規則通常有效，直到它們失效**。當它們失效時，背後通常有重大的原因，所以請繼續保持覺察！

給占卜者的小提示

請將個性當做解讀的關鍵，這樣可以幫助你在看到角色顛倒時不會感到困惑。

☽ 來自階級層次的提示

如果一位想要安定下來的成年人以國王或皇后的身分出現，但他們的伴侶卻是騎士，請小心！那位騎士可能還沒準備好定居並開始新的生活。相較之下，健康的伴侶在他們的關係動態中往往表現出相同類型：侍者對侍者，諸如此類。但如果一方是侍者而另一方是國王，這可能代表權力差異或者更傳統的解釋：年齡差異。

Chapter 8 宮廷牌也是人

☾ 花色可以暗示人際關係動態

如果我們假設花色是元素的替身，那麼當我們解讀兩個人之間的和睦程度時，它們可以告訴我們很多資訊。兩個具相同宮廷牌元素的人可能彼此相處融洽，而火和水的組合可能會更有張力。想想土和水、或火和風如何相處，它們是彼此滋養還是互相抑制？他們會減緩急躁的步伐，還是完全撲滅對方的能量？

例如，假設聖杯皇后與權杖騎士正處於一段關係中。首先從層級來看，皇后與騎士表示權力或成熟度的不平衡；其次，水能滅火，過多的火則會使水變成蒸氣，這對我來說意味著權杖騎士可能會覺得聖杯皇后太令人窒息，並擔心她澆熄掉他所有的樂趣。聖杯皇后會被火能量激勵，但如果太多，她就會精疲力竭。你可以給當事人一個專業的提醒：不要試圖馴服權杖騎士，而是與他一同啟程冒險！

☾ 珍惜每張宮廷牌，如同它們是你自己（因為它們確實是）

當你瞭解這些人的性格後，請小心留意自己的偏見。每張宮廷牌都有好的與不好的性格特徵，因此，如果你發現自己過於專注於負面特徵，不讓宮廷牌的正面個性展現出來時（反之

亦然），那麼代表你存有需要解決的偏見。我們將在第十二章進一步討論這點。

　　學習宮廷牌就是「多多益善」。閱讀所有附帶在牌組裡的小冊子、塔羅牌書籍和網路資源，充分瞭解每張牌能發揮的所有特質。你不必一次完成這些步驟；隨著你的塔羅之旅逐漸深入，你對每張宮廷牌的性格理解也會不斷加深。藉由研究、時間和反覆練習，每一張宮廷牌都會感覺就像坐在你身邊。請讓它們鮮活起來。

Chapter 8　宮廷牌也是人

活動

──◦⊃ 塔羅配對：向右滑會發生什麼？ ⊂◦──

拿出你的宮廷牌，洗牌後隨機抽出兩張。現在請想像他們剛剛在約會程式上配對成功，並且都來找你占卜，想瞭解彼此的關係。向他們解釋他們在一起的優勢是什麼、如何做到最佳的溝通，以及需要注意的潛在問題。提供你的建議，就好像每一張宮廷牌正坐在你面前那樣。

◦《　錢幣國王 × 寶劍皇后　》◦

✷ **優勢**

兩位都具有雄心壯志，都希望被他人視為重要的人。這位皇后會確保沒有人會占這位國王便宜。事實上，她會努力保護兩人的成就和財富。這位國王可以放心，他擁有一位對財務負責的夥伴。他冷靜的舉止不會對她產生挑戰，她覺得在他身邊可以做自己。國王安靜的個性和隨和的態度讓皇后感到舒適。皇后機智、聰明且忠誠──這些與國王相輔相成。這位皇后不喜歡鬧劇、不操縱別人，並清楚自己的需求；這一切都受

到這位國王的認可。

✳ 溝通方式

寶劍皇后很愛說話，喜歡指出需要解決的地方，如果她的觀察（通常是正確的）太過直率，這些問題可能會激怒錢幣國王。寶劍皇后節奏很快，思緒瞬息萬變，但她需要給這位國王一點時間來處理。如果她逼迫他，可能會發現他張了張嘴，卻什麼也說不出來。如果皇后能夠培養更多的耐心，她將會得到回報，因為國王需要時間來整理思緒和言語。如果這位皇后需要一個談天的對象，那麼她最好從朋友中尋找，因為這位國王通常是個沉默寡言的人。然而，當他說話時，卻是小心、謹慎且充滿智慧的。

✳ 挑戰

關鍵問題在於這位國王通常會遵循傳統的性別角色。他對自己想要什麼樣的女子有自己的想法，但這位堅強、有雄心、聰明且獨立的皇后沒有時間迎合這種愚蠢的想法。她希望他接受自己原本的樣子，而他卻希望從她那裡得到更多滋養和關懷。雖然她對他表現出忠誠的感情，願意為他戰鬥到天涯海角，但這位國王可能不會意識到這是愛情，反而會因此覺得自己不被關注。這位皇后一旦生氣，就會變得冷漠疏遠，對國王來說會很難共事。國王覺得自己被懲罰並被她排斥，結果，國

Chapter 8 　宮廷牌也是人

王會開始逃避,這會讓皇后更加生氣。如果不妥善處理,他們就會陷入惡性循環。為了打破這個循環,皇后需要學習變得柔軟,而國王則需要學會面對問題。

Chapter 9

為什麼宮廷牌這麼難理解？

既然你已經對於「將宮廷牌視為人」有了穩固的基礎,接下來我將與你分享我的技巧,幫助你瞭解宮廷牌是在描述一個人、一個行為或一種心理狀態,並提供宮廷牌在占卜中如何發揮作用的一般性原則,至少對我來說是如此。我會透過一些範例來說明我所分享的原則,同時介紹如何從層次和直觀的角度解讀塔羅牌。本章涉及一些技術性內容,因此如果你是新手,可以先跳過,等準備好後再回頭閱讀。

☾ 答案就在問題裡

我要如何知道宮廷牌是在談論一個人、一個行為還是一種內在心理狀態?答案就在問題本身!這個技巧是基於第六章〈解牌有一半的功夫與「提問」有關〉的內容。當我們提出一個拿捏得當、結構良好的問題時,就可以更好地將宮廷牌分配在它們於占卜中所扮演的角色。

多年來,我根據為他人累積占卜數千小時的經驗,建立了自己的「宮廷牌規則手冊」。就像我分享的所有內容一樣,我並不是想給你一個像數學方程式那樣、每次都以相同方式運作的準則,而是提供一些可能的幫助,讓你在為他人占卜時更得心應手。隨著時間推移,你將發現哪些內容對你有用。一如既往,你的直覺勝過我能給你的任何指導方針。永遠先相信自己。

☾ 將宮廷牌解讀為人物的技巧

1. **如果問題是關於問卜者**,通常第一張出現的宮廷牌代表問卜者本人或與問卜者問題有關的某個面向。
2. **如果占卜的內容是關於他人**,我通常會把第一張宮廷牌解讀為問卜者想要瞭解的人,而非問卜者,除非根據類型或性格可以確認第一張牌是問卜者。
3. **如果問題同時涉及問卜者和他人**,那麼第一張牌通常談論的是問卜者,之後的牌則可能代表其他人。但這不是硬性規定,我會根據個性特徵來決定誰是誰。有時我會問問卜者:「這讓你想起誰?」並提供敘述給他們,讓他們告訴我與其他人相較而言,這張宮廷牌可能會是誰。
4. **有時會出現宮廷牌來意指未知的人。**因為問卜者喜歡立即

將一張宮廷牌判定為他們可能認識的人，請告訴他們，這張牌可能是尚未出現在生活中的人，除非你感覺到他已經存在。

5. **如果問卜者詢問的是愛情關係，但只出現一張宮廷牌**，這通常代表關係疏遠，或塔羅牌想集中在問卜者的個人旅程上，而非關係的互動。請參考第七章〈多層次塔羅解牌技巧〉，我們曾探討「缺失的部分」。

6. **先看性格，再談行動**。意思是我傾向於先將宮廷牌視為涉入其中的人，然後將所有人物都識別出來後，再去看他們的行動。

讓我們透過一個範例來演示將宮廷牌解讀為人物。就像我分享的其他占卜一樣，我們先從一個簡單的問題開始，抽出三張牌，同時將它們排成一排來解讀。

問題：「我想買這棟房子，那麼我需要瞭解賣家哪些訊息才能得標？」

首先，請注意問題是關於賣家，而不是房產。許多解牌者會關注房子的結果，而忽略了這個問題實際上與賣家有關。

由於問題涉及許多人，因此我將下頁所示的兩張宮廷牌都解讀為賣家。因為問題是關於賣家，所以我不會在解讀宮廷牌時將買家也涵蓋在內。

聖杯騎士、皇帝、聖杯國王

【我的解讀】

聖杯騎士注視著皇帝，而聖杯國王則將目光轉向兩人之外。皇帝公正地坐在這兩張宮廷牌之間。對我來說，這表明聖杯國王已經下定決心，他想出售房子並前進到下一步。然而，聖杯騎士處於較弱的位置（這裡我利用宮廷牌的階級層次來理解），但做決定的是國王。我的直覺告訴我，皇帝就是這棟房子。皇帝穩固地坐在寶座上，對應於數字4。對我而言，這些元素都與「物質家園」有關。

雙方都受到情緒的影響，因為他們都由以情緒為中心的聖杯牌組作為代表。觀察這兩張聖杯牌，可能暗示出售房屋與分居或離婚有關。他們都有各自的感受，但意見並不一致。

Chapter 9 為什麼宮廷牌這麼難理解？

在此次占卜中，聖杯牌組代表賣家，表明他們在賣房時充滿情緒。然而，這並不一定意味著賣家一直都是聖杯人物。請記住，塔羅牌向我們展現的是與問題相關的資訊以及問卜者的最大利益，而不是關於賣家的絕對客觀事實。

☾ 將宮廷牌解讀為行為的技巧

如果問題是尋求建議或行動，但出現了宮廷牌，我們該怎麼辦？如果宮廷牌不是代表人物，那麼會代表什麼？以下是我對宮廷牌指示行為時的一些指導原則：

✦ **侍者**：傳達代表該花色的訊息或新的開始。
✦ **騎士**：尋找、接近或遠離該花色所代表的事物。
✦ **皇后**：受到照顧或以符合該花色的方式照顧他人。
✦ **國王**：以符合該花色的方式到達、完成或實現成就。

逆位的宮廷牌意味著事情沒有溝通、沒有開始、沒有進展、沒有被關心或沒有實現。

讓我們舉一個例子，看看宮廷牌從行動或建議的層面上如何表現。

問題：「我應該提出什麼樣的報價才能贏得這間房子？」
這是我抽出的牌。

月亮、寶劍侍者、寶劍國王

我立刻想到的是，宮廷牌的順序是回答問題的關鍵（從侍者到國王）。因為我並不是詢問與人物有關的內容，所以我不會將這些宮廷牌視為人物，而是將侍者和國王視為報價本身來進行解讀。

【我的解讀】

當月亮牌處於第一個位置時，顯然代表這是一個充滿未知數的情況。情況並不明確，或者事情可能一直在變化。寶劍侍者代表報價本身。從月亮牌到寶劍侍者可能意味著在事情還不清楚的時候就應該提出報價，就好像「情況的不明確」在某種程度上可以讓報價占上風；這也可能意味著這個報價完全是姑且一試的情形。寶劍侍者代表所提供的報價是誠實的，但最後

Chapter 9 為什麼宮廷牌這麼難理解？

一張牌是寶劍國王，意味著侍者所代表的報價不夠理想，報價需要「成長」，變得更大、更實在、在細節上更透明，因為寶劍國王通常代表清晰和真相。然而，一旦提出報價，就要堅定立場。寶劍國王做出決定後就不會動搖。

> **給占卜者的小提示**
> 小心不要因為誤認為宮廷牌代表的是別的東西而繞了一大圈。牌卡正在回答這個問題。堅持下去！

☾ 以問卜者的心理狀態去解讀宮廷牌的技巧

我最喜歡的方式是從問卜者的內在心理層面來解讀宮廷牌，因為它可以幫助問卜者探索自己和個人成長，這才是我認為塔羅牌最擅長的地方。此外，我時常會收到關於這個主題的有趣問題，而不是一些日常瑣碎的煩惱清單。

1. **出現不止一張宮廷牌**可以表示這個人在占卜中的進化或成長（退化）。
2. **宮廷牌可以顯示一個人的不同面向**，反映他們經歷某種情況的過程或個人發展。我經常看到多張宮廷牌表達一個人的不同模式或面向，例如：被觸發的自我與放鬆的自我、

內在小孩對比成人狀態、在職場上的表現對應在家裡的表現、精神自我與世俗自我等等。將宮廷牌視為人格特質甚至創傷，對於解決內在挑戰、揭示問卜者想要改變的模式或習慣非常有幫助。例如，與愛情相關的問題中，我經常看到問卜者有兩個女王形象：內心脆弱的聖杯皇后受到寶劍皇后守護，我們會討論如何更全面地整合這兩個面向。

3. **逆位宮廷牌**常被視為該宮廷牌的負面特徵正明顯表現出來。我感覺這是某人呈現出不太健康的狀態。

4. **逆位的騎士**可能意味著一個被觸發創傷的人。在心理上透過戰鬥、逃跑、僵直和討好四種反應表現，不同的逆位騎士牌以不同的方式應對被觸發的創傷。

    + 權杖騎士 = 逃跑
    + 聖杯騎士 = 討好
    + 寶劍騎士 = 戰鬥
    + 錢幣騎士 = 僵直。

5. **經常出現侍者的成年人**通常代表需要關照內在小孩或某種情況引起的童年痛苦。

6. **人們可以像宮廷牌那樣轉換**。我們都有自己的「原生」宮廷牌（我們一般呈現的樣子），但宮廷牌也可以作為建議出現，例如「你需要採取這種類型的性格或觀點。」

Chapter 9　為什麼宮廷牌這麼難理解？

讓我們從「將宮廷牌視為內在層面」的角度練習。

問題：「我從未真正想過自己會擁有房子，我擔心我會變得無聊（例如跟我父親一樣）。擁有房子會讓我變成我不想成為的人嗎？」

這是我抽出的牌：

愚人（逆位）、聖杯騎士（逆位）、錢幣侍者

逆位的愚人表示對成長的恐懼。聖杯騎士呈逆位，並直視著逆位的愚人，顯示問卜者可能會覺得自己還沒有結束冒險的時光，或還沒找到適合一起安定下來的人。但最後的錢幣侍者在這個位置是很好的，塔羅牌讓問卜者放心，他們仍然年輕，有足夠的靈活度和好奇心，可以同時擁有兩個特質：對新體驗持開放態度，同時具有一定程度的安定。

逆位的聖杯騎士告訴我,他們對生活並不滿足,他們追求了很多夢想,但因為種種原因沒有實現。另外,逆位的騎士對我來說常常是一種創傷反應(討好型)。所以我想知道他是否只是為了取悅他父親而說「是」,內心卻保有自己的想法。

錢幣侍者告訴我,問卜者將享受擁有房屋的感覺,並愛護這個家,即使他買房的年紀可能比同齡人年輕。問卜者會喜歡照顧房子,並樂於招待客人。他會驚訝地發現自己竟如此喜歡這一切。

有關房屋所有權的問題通常涉及物質和財富。錢幣侍者意味著問卜者正在順利建立這個基礎。他四處漂泊的日子可能已經結束了,他們可以創造出比逆位聖杯騎士時期更令人驚奇的事物。

因為這次占卜強調了對成長的恐懼,所以作為最後一張牌的侍者傳遞了一個充滿愛意的訊息,明確地讓問卜者放心——他開放、靈活和柔軟的特質只會增加、不會減少。

我用整整兩章來討論宮廷牌並非偶然。作為替他人占卜的人,宮廷牌往往在解牌中扮演重要的角色。在回答問卜者的問題時,它們確實提供了非常有用的資訊。

如果你能在占卜中掌握宮廷牌,就可以自信地解讀擺在

Chapter 9 為什麼宮廷牌這麼難理解？

你面前的任何問題。身為塔羅牌使用者，我鼓勵大家繼續學習，加深對宮廷牌的理解和技巧。即使經過三十多年的研究，它們仍然讓我感到驚訝，並以其他牌卡無法做到的方式讓我的解讀熠熠生輝。

活動

人物、行動或心理狀態

以下這一系列問題可以幫助你分辨該情境是否需要以宮廷牌作為人物的答案、行動的答案或心理狀態的答案。

開始回答吧！如果你在最初抽到的三張牌中沒有獲得任何宮廷牌，請繼續洗牌並抽牌，直到你至少得到一張。

- 問題 1：我同父異母的兄弟姊妹不把我當成真正的兄弟。我努力讓他們在乎我，但沒有效果。我要如何做才能讓他們像親兄弟一樣愛我？

- 問題 2：我的女朋友穿著暴露的衣服和朋友一起參加節日慶典。我不想成為控制慾強的男友，但我感到嫉妒和不安。我該如何解決這個問題？

- 問題 3：我將要為夢寐以求的工作進行最後一關面試，但我對將要面試我的人不太瞭解。有什麼方法可以讓我瞭解他們是什麼樣的人？

- 問題 4：今年是我連續第二年舉辦夏令營和冬季週末營，最近，我獲得了一個機會——在週日上午與我的總

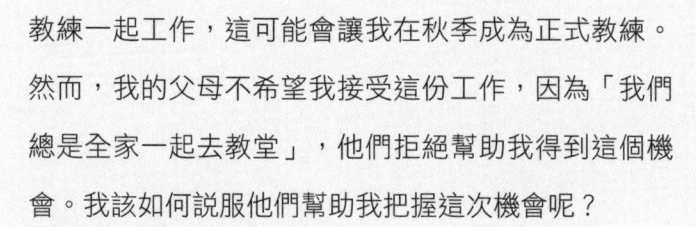

教練一起工作，這可能會讓我在秋季成為正式教練。然而，我的父母不希望我接受這份工作，因為「我們總是全家一起去教堂」，他們拒絕幫助我得到這個機會。我該如何說服他們幫助我把握這次機會呢？

✦ 問題 5：這個週末我有一場相親。除了一些照片和文字之外，我對她一無所知。你能告訴我更多關於她的事嗎？

✦ 問題 6：我的女朋友缺錢時會很焦躁，她的經濟壓力影響了我們的關係。她有兩個孩子，但沒有獲得任何一個孩子的撫養費，她也拒絕跟生父追究撫養費。我對孩子們的生活品質感到不安，並為我的女友感到生氣，但她什麼也不做。我不知道該怎麼辦。應該催促她做更多來改善自身處境，還是應該放手不管？儘管我感到十分不安。

✦ 問題 7：我那已經五年沒說過話、童年時期也很少見到的親生父親決定要重新成為我的父親，我無法想像那會是什麼樣子。如果我決定與他建立成年親子關係，我們之間的關係會是什麼樣子？

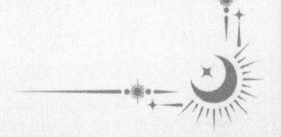

Chapter 10
成為問卜者需要的塔羅師

多年來，我接受過各種占卜體驗。我在中國接受過面相分析、在土耳其用咖啡渣占卜，還讓韓國的薩滿巫師用聖物投擲過我的命運。我曾坐在紙箱上進行占卜，也曾坐在豪華別墅裡進行占卜。如果可以占卜，我都想參加。我參加過的許多占卜都很美妙，但也有一些經驗非常糟糕。這種差異有時候與占卜者的技巧有關。糟糕的占卜就是糟糕的占卜，無法補救，然而我也曾從糟糕的塔羅師那裡得到過令人驚奇的好解讀。我的意思是，塔羅師非常擅長使用他們選擇的工具進行解讀，但其他與此次占卜相關的一切都糟透了。我遇過占卜空間裡充滿菸味，家具和桌子上都是菸灰的塔羅師，更不用說到處都是剝落的皮屑。當然，那次占卜內容很棒，但當我害怕碰觸任何東西時，我怎麼能放鬆呢？

還有一位塔羅師使用漫畫圖像創建了自己的紙牌占卜系統。真是太迷人、太酷了！但他的妻子在大廳裡聆聽，並大

聲地踩著腳步穿過我們、走進廚房，明確地表示占卜已經結束——我很快速地離開了那裡。

我也接受過朋友的占卜，有時他們會因為分心或心情不好而影響解讀；我也遇過有些人把整個占卜時間都花在我不關心的事情上，卻忽略了最重要的事情。這些經歷在我開始為別人占卜時，對我產生了深刻的影響。

基於這些經驗，我考量的不僅是占卜本身，還有作為一名占卜者，我可以做些什麼來使整個過程盡可能以問卜者為導向。我可以透過什麼方式成為他們需要的占卜者？我該如何做才能讓我們的相處更順利，確保我的問卜者感到舒適、被傾聽和被關心？這些事情與良好的占卜一樣重要，無論我們是為好友占卜，還是為付費的人占卜。

一路上我也犯過很多錯。有時候我讓問卜者失望了，沒有像我應該做的那樣專心或處在當下。有些教訓只有在經歷後才能學到。我們都會犯錯，這讓我們有機會下次做得更好。

以下是我認為需要考慮的重要事項。解讀牌卡和解讀時對話的整個過程不應該有區別。問卜者越是感到自在並對占卜開放，你就越容易為他們進行解讀。就是這麼簡單！

Chapter 10 成為問卜者需要的塔羅師

☾ 讓自己做好準備

準備進行占卜的方式沒有對錯之分,但有一條硬性規則:把你的個人問題放在一邊。焚香,冥想,然後把它們和剩下的一切全塞進衣櫃裡。你需要做什麼就做什麼。除了你的個人問題之外,你對問卜者的感覺也應該放在一邊,他們值得你積極(或至少中立)的對待。如果你對他們感到惱怒或厭惡,你就無法給他們應有的解讀。對自己誠實——如果你暗地裡不喜歡你的嫂嫂,那就不要為她占卜。你不是適合她的塔羅師。

☀ 空間

布置場地很重要。你或你的問卜者是否有一個不被干擾的占卜空間?你能把牌卡攤在乾淨平坦的平面上,而不需要擔心有幼兒用黏黏的小手抓它嗎?專注就是尊重彼此。如果你付出時間和專注,那麼問卜者也應該給予同樣的重視。

☀ 觀眾

占卜者在這方面可能有不同的喜好,你會允許其他人聆聽占卜過程嗎?如果問卜者帶朋友或伴侶同行,可以嗎?孩子呢?就我個人而言,如果我正在占卜兩個人之間的互動(例如

> **給占卜者的小提示**
>
> 如今視訊占卜已經成為一種潮流,那些將手機架在儀表板上開車或者在外出慢跑時手持手機上下晃動的問卜者數量比你想像得更多!向他們清楚說明他們需要什麼樣的空間,以便你可以順利與他們進行占卜。

關係解讀),我只允許另一個人同行。除此之外,我不允許其他人參與占卜。我不喜歡有觀眾的原因有幾點:我的靈視能力常常會捕捉到屬於他們而非問卜者的內容,進而造成混亂;而且當房間裡有其他人時,問卜者可能不會對我那麼誠實或坦承脆弱。在聚會場合集體占卜是沒問題的,但對於私下占卜,我會希望只有我們兩個人。

☀ 盡量減少閒聊

當你為問卜者(甚至是朋友)擔任塔羅師時,在占卜結束之前避免談論過多關於自己的事情。你談論自己或生活中發生的事情可能會無意間影響占卜。另外,這等於要求問卜者為你提供情緒勞動,這讓他們(而不是你)扮演了服務的角色。占卜結束後是可以這樣做,但一開始請以對方為重心。占卜的時

Chapter 10　成為問卜者需要的塔羅師

> **給占卜者的小提示**
>
> 如果你使用線上平台為他人占卜（例如視訊），而你不希望有觀眾，請特別明確表示他們必須和你單獨在房間裡。我無法告訴你有多少次問卜者在螢幕外的旁邊有人，而且「忘記」提及他們的存在。我不知道你怎麼想的，但我不喜歡有人偷偷旁聽。允許必須是雙向的。

間是特別的，請讓它保持神聖。

✹ 錄音

你會允許問卜者錄下會話嗎？我接受錄音，因為我認為那可以幫助問卜者重播並聆聽他們第一次可能忽略的內容。我們總是透過當下的視角來傾聽，但解讀的內容往往比這更豐富。有時在占卜中沒有注意到的內容，可能在後來成為最重要的部分，但我們往往要到後來才會意識到這一點。

錄音也有助於確保所說內容的正確性。問卜者有時會回來說一些你其實不曾說過，但他們認為有提及的內容。他們的主觀記憶會說出你未曾說過的話，但透過錄音你就可以還原事實。

如果你允許錄音，請不要忘記問卜者可能不是唯一會聽這段錄音的人。請記住，她正在抱怨的人可能是下一位聆聽者。這種情況經常發生，因為受害者（通常是問卜者）想要將解讀作為證據，來證明關係中可能會出現的問題。它被用在像是「你看吧，她甚至不認識你，但她卻說了這些話和那些話，因此你需要聽她的」。如果我感覺到這段關係特別令人擔憂，我會告訴問卜者：這次占卜的內容是特別為你設計的，是你必須聽到的訊息。我會補充說，如果她的伴侶一起參與，可能會得到完全不同的解讀。如果這段關係是有毒的，我也會拒絕為關係中的人占卜，因為這對我來說是利益衝突。如果問卜者的伴侶來找我想要解決問題，我會拒絕進行這樣的對話。即使我的問卜者決定分享她的錄音，我都會堅持保密原則，無論如何都不會透露相關訊息。

☀ 做筆記

有些占卜者不會做筆記，但我會。我幾乎會忘記在占卜中發生的事情。占卜結束後，我會在一個安全地方寫下不超過一段話的敘述，包含情況、相關人員的名字、以及占卜內容的簡要概述。如果他們回來找你占卜，回顧你的筆記會非常有幫助。我曾有問卜者在三年後回來找我，似乎期待我應該記得每

Chapter 10　成為問卜者需要的塔羅師

一個細節!你進行的占卜越多,就越容易混淆,所以寫下來會有幫助。但請確保將這些筆記保存在只有你可以取得的地方,最好是有密碼保護。

☀ 明智地選擇牌組

我記得自己曾興高采烈地買了一副牌,結果發現整副牌裡唯一的胖體型人物是惡魔牌,周圍還擺放著許多空盤子……這副牌顯然帶來問題!即使我自己沒有被觸發情緒(事實上,我確實被觸發了),我怎麼可能在明知道有些問卜者體型較大的情況下,還在他們面前使用這副牌呢?

給占卜者的小提示

在使用主題性或政治性強烈的牌組進行占卜時,請考慮你的受眾。你可以擁有「你自己的」牌組,但根據你為誰占卜,選擇更適合公眾的牌組或選用多種不同的牌組會更為恰當。雖然我很喜歡我的超級異教巫術塔羅牌,但它並不適合所有人。我通常會根據不同的問卜者選擇不同的牌組,或者更好的是,讓問卜者選擇使用哪副牌。

如果牌組能夠反映問卜者的特質,他們會感覺更舒服,

而多樣性應該成為你選擇牌組的標準。《現代女巫塔羅牌》（*The Modern Witch Tarot*）是充滿多樣性的可愛綜合體。完全黑色的牌組，例如《瑪瑙之塵 II》（*Dust II Onyx*），或是描繪身心障礙者的牌組，例如《下一個世界塔羅牌》（*Next World Tarot*），都是不錯的選擇。

☀ 洗牌

你會自己洗牌還是讓問卜者洗牌？你會先切牌，讓他們挑選其中一堆進行解讀，還是直接從最上面拿牌？你會把它們像扇子一樣攤開並讓問卜者選一張嗎？有很多方法可以使用，我發現每種方法的效果都很好。

我唯一想要提醒的是，如果問卜者處於強烈情緒化或焦慮的狀態，我會幫他們抽牌。我注意到，問卜者的強烈情緒或恐懼代表他們將把這些情緒注入到牌組中，很可能導致占卜反映出他們所害怕的事物，所以我會擔任緩衝的角色進行抽牌，這樣我們就能夠中立地解讀牌卡。

☀ 介紹

我之前已經提過這一點，但這值得再提一次。在占卜開始前先進行簡單的介紹會很有幫助，因為它告訴問卜者可以從你

Chapter 10 成為問卜者需要的塔羅師

和本次占卜中期待些什麼。你可以在這時候列出流程、期望和界限。詢問對方是否有問題想要問你,然後再開始!

☀ 占卜中的停頓

有時你需要一些空白時間。也許你正在接收許多感覺,或要將這些牌卡拼湊起來特別困難。你的問卜者可能不明白你需要時間停頓,所以他們經常會用額外的問題來填補沉默。如果你需要一點時間,請務必在占卜開始時告訴問卜者。

☀ 占卜過程的編排

基本上,我把與問卜者的占卜過程視為一場舞蹈。在這場舞蹈中,當我確實遵循某些步驟時,大多數的占卜都會進行地很順利。我們將整個過程視為整體,同時考慮其中個別的占卜。以下我會和你分享,假設你正在為朋友輕鬆地占卜,或是與一位求問者在有足夠時間的情況下解讀,可以怎麼進行。

我通常會在占卜開始時詢問問卜者問題。我想瞭解他們的「需求清單」,這樣就可以根據我們擁有的時間長度來確定滿足他們需求的最佳方式。我還會詢問清單中哪些是他們必須瞭解的內容。我想確保我專注於最重要的事情,並在其中投入最多時間。

> **給占卜者的小提示**
>
> 有些問卜者會因為某個問題最縈繞心頭而說很多,但不一定代表這是他們最想花時間討論的主題。請務必詢問優先順序,以便你可以做出相應的安排。

通常我會從清單中比較輕鬆的問題開始,這讓雙方都有時間相互交流並感到舒適。接著我會處理最重要的問題,也就是那個促使問卜者尋求占卜的主要原因。我很可能會在這裡花上大部分的時間,根據這個問題花費的時間長短,我可能會以另一個輕鬆的問題作為結尾,或者選擇一個充滿力量感且有趣的問題收尾。

即使你的占卜只有一個問題,我仍會建議考慮設計一個有開頭、中間和結尾的流程。也許開頭可以是簡單抽一張牌,顯示問卜者周圍的能量,接著是問題本身,最後再抽一張結尾牌作為最後的訊息。

經常有問卜者問我:「一個小時能回答多少個問題?」老實說,這沒有答案。有時一個問題會耗費超過一小時仍無法解決,而有時候可以解答十題;這取決於問卜者及情況的複雜程度。在我們深入理解之前,我無法知道具體的答案。

☀ 最後再做概括性占卜

你已經知道我對概括性占卜的看法,但如果你必須進行這樣的占卜,請將它們移到占卜的尾聲。當問卜者告訴我他們想要概括性占卜時,我會解釋這個流程:如果他們有一個具體且急迫的問題,我寧願先深入研究它;一旦這個問題完成了,我們再轉向概括性占卜。

我有多種概括性占卜可以選擇,這取決於剩下的時間。最簡單的情況是一個四張牌牌陣,大約耗時五到十分鐘。在此基礎之上,我可以進行十五分鐘甚至三十分鐘的概括性占卜,它們之間的差異在於涉及的主題還有細節的深度。這讓我能夠根據剩餘時間來進行概括性占卜,而這樣的概括性占卜通常會捕捉到之前被遺漏的訊息。不過,即使我們採取了這些措施,也可能無法讓所有人都滿意,這就引出了下一個主題。

給占卜者的小提示

將概括性占卜從待辦事項的第一件事挪到最後,這麼做的好處是你可以專注於處理最緊迫的問題,最後再選擇一個你喜歡的概括性占卜,作為「總結」的功能,來捕捉之前可能未涉及的內容。

✹ 忠實地解讀占卜內容

似乎有一種觀念認為，向傳遞神諭的人提出問題，就能按自己心中所期待的細節得到滿意的答案，而且那個答案能夠邏輯一致地解答所有問題。老天，那不是很棒嗎？

塔羅牌並不是 Google 的相似版本，它不會一字不漏地回答被提出的問題。即使宇宙給了暗示，我們也需要努力理解。這就是與神對話的方式。但如果占卜內容對問卜者來說太過模糊，他們可能會進一步提問，催促你給予更多占卜內容以外的細節。這種壓力可能會導致你進行推測（對某事做出合理的猜測）或添加比實際情況更多的細節。「忠實地解讀」意味著如實說出占卜的內容而不加油添醋。我們都有權向宇宙詢問任何我們想要問的問題，然而，我們無權決定宇宙以何種方式

給占卜者的小提示

你不會因為無法告訴問卜者他們找到工作的確切日期，就成為一個不好的占卜者。你不會因為你的問卜者要求你提供在占卜中沒有看到的細節，就成為一個不好的占卜者。不要為了讓問卜者滿意而強行詮釋。你是傳遞訊息的人，不是寫訊息的人。

提供答案。

☀ 確認

「確認」是一種邀請問卜者加入自己的**觀點、細節或想法**的方式。當他們在占卜中互動時（不僅僅是坐下來**觀看**你呈現一場通靈巡迴演出那樣），他們會更投入這個過程。這是為了確保問卜者按照你希望的那樣理解訊息。我所說的「確認」是指提出具體和具有針對性的問題，例如「你對於這邊出現的聖杯八有什麼感覺？」或「你從這次占卜中得到什麼啟示？」避免提出像是「那麼你覺得如何？」之類的模糊問題，因為答案可能一樣模糊。

邀請問卜者添加自己的觀點、細節或想法進行確認，就是最佳的實踐。當問卜者感覺自己是占卜的一部分，而不是把你當做通靈巡演一樣看待時，他們就會投入這個過程。因為他們是建構占卜的一部分，會更加在意整個解讀。

給占卜者的小提示

當問卜者變得格外安靜或沉默時，通常代表他們不同意所說的內容，這些分歧可能來自於你表達訊息的方式。此外，也可能是他們解讀這些訊息的方式與你本意不符。讓問卜者解釋哪裡與你意見不合。如果你認為這是溝通上的問題，請重新措辭，看看是否有助於他們更好地理解你的意思。

☀ 前後呼應

前後呼應是我從脫口秀喜劇演員那裡學到的技巧，他們使用前後呼應的方式結束表演，以一個笑話呼應節目一開始的內容，這能創造一種集體連結，讓觀眾對喜劇演員和表演產生良好的體驗，也能讓整場表演有精彩的結尾。

我以兩種不同的方式使用前後呼應；首先我會將占卜後期出現的內容與先前的解讀連結起來。當我注意到一些重複的內容，或看似不同但實際上相同的洞見時，我會讓問卜者注意到這點。其次，我會在結束占卜時使用前後呼應，我會提出在這場對話裡特別凸顯的重點，甚至抽出一張神諭卡作結。這可以帶給占卜很好的結尾，也向問卜者表明我們正在聆聽、關注並記住對他們所說的話，傳達他們對我們的重要性。

Chapter 10 成為問卜者需要的塔羅師

☀ 不要害怕結束占卜

有時候你可能不得不結束占卜，因為你無法成為他們想要的解牌者。也許他們希望你通靈，但你不是通靈者，或你被要求做一些違反你道德規範的事情。無論情況如何，如果問卜者試圖讓你做某些你感到不舒服的事情，不要強迫自己讓他們滿意。請結束占卜。沒錯，這會很尷尬。是的，這很難。但請結束占卜。

有一次，一位剛失去母親的問卜者來找我。她開始夢見母親試圖告訴她一些事情，所以問卜者去找靈媒和通靈者，試圖弄清楚夢中訊息是什麼。其他人告訴問卜者，她母親的夢是一系列的指示，指引她為那些遭受販運的珍稀動物開設收容所。她的母親顯然是在暗示某個地方埋了一筆財寶，如果問卜者能夠在聯邦調查局之前找到埋藏的財寶（聯邦調查局知道這個寶藏，但不希望它被揭露），那麼問卜者就可以使用這些寶藏來幫助那些動物。

問卜者來找我，要我直接在寶藏的位置上標記一個X！在占卜開始時，她就拿出其他占卜者告訴她應該要在哪挖掘的尋寶圖，但每次挖掘時，結果都一無所獲（真是不意外）。她提到自己的錢快用完了，需要在破產之前找到這筆寶藏。我無法繼續這個占卜，內心的每一處都在尖叫要我盡快結束這場會

談。我結束了它，問卜者感到憤怒和失望，試圖逼迫我繼續占卜，並告訴我她有多失望。「妳就不能試試看嗎？」她問。我說了很多次「不」，基本上我不得不把她推出門外。結束占卜很困難，因為問卜者希望你給他們想要的東西，即使你已經告訴他們你沒辦法。

　　奇怪的是，結束會談後，我立即跑到浴室嘔吐，這種情況前所未有，之後也再未發生。在這之後，我病了兩天，感覺自己好像暴露在一片巨大的黑暗之中，我的身體做出劇烈的反應，想要釋放這種能量。我被要求做的占卜不僅對問卜者來說很危險，對我來說也是一種能量毒害。

　　請記住，你隨時有權利以任何理由結束占卜。如果你感到不舒服、知道自己無法幫助他們，或他們提出你無法處理的問題，那就結束它。如果你在任何層面上感到不安全，請結束它。無論問卜者的舉止為何，都不要覺得有義務繼續。結束占卜是一種力量的象徵，知道自己並不是他們所需要的占卜師，這件事情與其他事情同等重要。

Chapter 10　成為問卜者需要的塔羅師

給占卜者的小提示

當你占卜時，請傾聽你的身體。問卜者是否會讓你頭痛？是否會讓你感到疲倦、內耗或悲傷？與那個人共處後，你是否發現自己生病了？這些都不是隨機發生的，你和問卜者之間的能量層面正在發生一些對你有害的事情。我們在第十六章會更詳細地探討這個主題。

☀ 為占卜畫下句點

在真正結束占卜之前，需要慢慢畫下句點，最好提前十到十五分鐘向問卜者發出信號，表明你即將結束會談。你需要向問卜者明確告知剩餘的時間，以及在這段時間內可以做些什麼，不要只是突然結束過程。

逐漸收尾是我選擇在占卜中段解決最重要問題的原因，也是我在開始時要求列出問題清單的原因。我最不想看到的就是在剩下五分鐘的時間裡，問卜者因為一則難以處理的占卜內容哭泣，而我卻不得不離開；對占卜者來說，這是不負責任的表現。

我們希望盡可能精心構建整個占卜過程，包括開始（設立基本規則和發現問題）、中段（主題、功課或資訊）以及結尾

（結束、回到核心、接地並返回日常生活）。

　　逐漸收尾的期間不適合再問任何問題。我以前會嘗試提出一個更簡單的問題，試圖盡可能提供他們更多的占卜內容，但往往適得其反。我慘痛地瞭解到，許多問卜者不明白「簡單、快速的問題」對於塔羅占卜是什麼意思。即使你告訴他們你能做什麼，他們很可能會告訴你他們想知道的下一件事，無論複雜程度如何。如果你無法完成所有事情也沒關係，請努力成為一個重質不重量的占卜者。

　　除了再做一次占卜之外，你還可以在逐漸收尾的期間考慮進行其他活動，例如抽出一張神諭卡作為最後訊息，進行一次小型的接地冥想、祈禱或設定意念。這些都是快速簡單的好方法，能幫助你們倆收起占卜的氛圍，並為占卜畫上句點。有時我甚至會敲響冥想音缽，來表示整個會談的結束。

活動

通往神諭的旅程

向其他占卜者那裡尋求至少五次占卜，他們可以是你認識的人，也可以是專業的占卜人士。老實說，我認為最好進行多樣化的占卜，例如其中一次是來自一位普通朋友、一次是在節慶場合、一次是來自那些不需預約的場所、一次是來自你敬重的人；如果你負擔得起，也可以考慮從收費較高的對象那邊獲得一次占卜。每次占卜結束後，請根據本章分享的準則來評估這次經驗。問問自己，你喜歡這次經驗的什麼地方？不喜歡什麼地方？為什麼？除了占卜內容之外，占卜者在哪些方面做得很好？哪些方面可能需要改善？接下來，對比每位占卜者，他們有何相同及不同之處？哪些事是這一個人做得好，而另一個人做得不好？與其他占卜者相比，你是如何看待自己的表現？這些比較的目的不是為了判斷哪個占卜者最好，而是幫助你瞭解在面對不同占卜者時，身為問卜者會是什麼感覺。這些見解會讓你更專注於自己的實踐。

Chapter 11
塔羅牌的用途超乎你想像

如果去問街上的路人塔羅牌的用途,他們可能會說:「預測未來。」這的確沒錯,你當然可以用塔羅牌來預測事情,但塔羅牌不是只有一招半式而已,它更像是一把多功能瑞士軍刀,然而一般人認為塔羅牌的作用與我們所知的塔羅牌之間往往存在落差。

身為占卜者,我們確實有該做的工作。我們要做很多教育工作,特別是如果我們不是那種會在占卜中進行預測的占卜者。所以讓我請教你,如果有人問你塔羅牌的用途為何,你會怎麼回答?你能輕鬆列出塔羅牌的各種奇妙功用嗎?你在哪些地方發現塔羅牌的幫助?而你又該如何向問卜者清楚傳達這一點?

以下列出了幾個我認為塔羅牌在預測方面以外也十分擅長的事情,這些內容不會涉及塔羅技巧(除了最後的活動),而是作為一個開端,你可以決定如何以自己獨特的方式來展現這

些面向。

★ 透視關係的狀況

大多數問卜者使用塔羅牌來瞭解戀愛關係，但塔羅牌也適合探索各種關係動態：父母、子女、兄弟姐妹、朋友和上司。我們可以透過提出諸如「為什麼她會那樣？」、「我如何幫忙改善這個情況？」、「我該如何接受他就是這樣的事實？」之類的問題來探索其他人，而不單單只是預測而已。根據我的經驗，我注意到人們許多選擇都取決於其他人是否會改變。如果他們不改變，我們會接受現狀還是為自己做出改變？塔羅牌是一種獨一無二的工具，可以快速、清晰地展示我們可能迴避的事情，但它也可以幫助我們看到事情的積極面，消除我們的恐懼，並向我們呈現某些事情的進展會比預期中更好。

★ 重寫痛苦的故事

塔羅牌很擅長說故事。我們每個人的行事風格都源自於我們為自己講述的故事，其中有些故事是不完整或不正確的。透過塔羅牌，我們可以重寫內心的故事；當我們這樣做時，就能獲得巨大的療癒效果。例如，假設問卜者與某人分手，準備占卜有關下一段關係的訊息，但你可以看出分手剛發生不久，問

Chapter 11　塔羅牌的用途超乎你想像

> **給占卜者的小提示**
>
> 問卜者可能會問一些他們尚未準備好面對的問題。有些問卜者會告訴你,他們想要一場「全是真相,沒有修飾」的占卜,但當你這樣做時,他們卻感到無法負荷。如果你感覺占卜可能會進入這樣的狀況,請為你的問卜者提供更具探索性而非最終定論的選項,這樣會更妥當。

卜者仍心煩意亂,且關係並未正式結束,或者這個結束是以創傷性的方式發生。當然,你的問卜者最不想做的就是花時間回顧這段失敗的關係,但是如果他們對這段關係的看法(例如前任告訴他們,因為他們太過依賴才導致這段關係結束)並非事實呢?當占卜揭示出真正的原因(例如前任害怕承諾),我們就可以幫助問卜者找到內心的平靜。

☾ 顯示不作為的結果

改變是困難的。我們可能會毀掉自己的生活,只因為對未知的恐懼更勝其他。占卜可以清楚地說明如果決定保持現

狀，生活會是什麼樣子。沉沒成本謬誤[3]可能會讓某人陷入痛苦的情境中，藉由向問卜者清楚展現不作為的成本，可以激勵他們做出必要的改變。

給占卜者的小提示

我經常發現，問卜者會被某些無意識的內在面向吸引前來進行占卜，這可以稱之為高我、潛意識或指導靈，就好像他們被拖去占卜，清晰地聽到那些他們一直逃避的事情。他們需要聽到內心已經存在的訊息被大聲說出來，讓它更加真實。這也是為什麼問卜者可能會一遍又一遍地詢問同個問題的原因之一。有時，他們需要重複聽五次才能採取行動。

☾ 給予允許

我為他人進行的許多解讀，實際上都在傳達他們難以允許自己的想法。很多問卜者（其實所有人類都一樣）對於相信自己的直覺和決定感到掙扎。良好的占卜可以給予他們許可：允許他們離開不合適的關係、離開虐待性的工作、與家人斷絕聯

---

3 編按：「沉沒成本效應」是指當人們付出一定的時間、金錢或資源在某個選擇後，基於不想浪費的心態，便會持續投入這件事。如果它已經變相讓人去做令自己感到不快樂或不值得的事情時，沉沒成本效應就成了一種謬誤。

繫、成為他們內心渴望的那個人、去旅行或者去進行腹部除皺手術等等。

☾ 提供希望和靈感

通常,當問卜者的生活陷入黑暗時,他們會尋求占卜。他們想知道太陽是否會再次升起,並希望聽到黑暗會退去的訊息。這與「讓一切神奇地好轉」完全不同,儘管有些問卜者確實會希望如此——有誰不是呢?最好的方式是利用塔羅牌來激勵問卜者,提醒他們自己是誰以及他們有能力做些什麼。我們可以使用塔羅牌向問卜者表明,在大多數情況下,只要問卜者也在努力,事情就會變得更好。我想,多數人都害怕自己付出的努力可能徒勞無功。透過占卜幫助他們看到自己的努力如何在生活層面上產生正面的影響,這會是非常好的動力來源。

☾ 點出可控制的行動來取代焦慮

對我來說,與問卜者一起使用塔羅牌最有趣也最有幫助的方法之一是:以他們可以控制的行動來取代他們無法控制事物的焦慮。例如,當有人問:「我的書會成為暢銷書嗎?」這是一個充滿壓力的問題,而這樣的問題通常是出於焦慮。想想「我會結婚嗎?我會幸福嗎?」這些籠統的問題只假設兩種選

擇:「是」讓人感到寬慰,「否」則讓人感到恐懼,但問題及答案都沒有考量到問卜者對於事情如何進行、以及「為何這樣進行」所能掌控的因素。這些問題不允許有自由意志的空間。反之,我們可以做的是建構一個占卜,點出我們有能力控制的事物。例如,我們可以提出這樣的問題:「我現在有哪些習慣可能會阻止我的成功?」

☽ 幫助問卜者處理悲傷

許多問卜者來占卜是因為他們正在與悲傷搏鬥,可能是失去親人的悲傷或其他損失,例如失去一段關係或工作。悲傷的特徵之一是反覆問自己同樣的問題,尋找痛苦中更深的意義。

悲傷的人常常在找尋「原因」。「為什麼那傢伙闖入我的生活只為了破壞它?」、「為什麼我得到了夢想中的工作卻又被解僱了?」使用塔羅牌來回答這些問題可以減輕痛苦,並幫助受委屈的人找到平靜。塔羅牌還可以幫助他們理解痛苦的意義,無論是為了汲取教訓,還是因為這個選擇會引導出其他選擇,或是我們需要一個見證者來承載我們的痛苦,塔羅牌都可以做到這些。

Chapter 11　塔羅牌的用途超乎你想像

給占卜者的小提示

　　多閱讀。閱讀有關哲學和心理學方面的書籍。閱讀有關神學和人性的書籍。閱讀有關痛苦、韌性和成長的書籍。閱讀有關人類處境的書籍，可以讓你在傳達塔羅訊息時擁有更豐富的詞彙。書頁乘載著他人智慧，將為你帶來啟發，並增加占卜的深度。少一些社群媒體，多一些書籍。你可以參考本書最後的書籍推薦清單。

☾ 揭示破壞性習慣並建議更健康的習慣

　　塔羅牌非常擅長向問卜者展示他們的選擇如何直接影響生活。我們能夠藉由圖像幫助問卜者看到他們以前無法看清的事情。同樣地，塔羅牌還可以提供健康的替代習慣，並幫助問卜者理解他們所做的改變確實會讓生活變得更好。

☾ 開啟靈性之路

　　有些問卜者前來占卜是因為他們感受到靈性的召喚。他們可能會問一些問題，例如重複的圖案或數字意味著什麼，為什麼總是看到數字 11？或為什麼他們總是夢見紅衣主教？曾有人在占卜中問了一個我最喜歡的問題：「我要怎麼樣才能取悅

我的神，洛基？」答案正如你想像的那樣精彩有趣。

首先，同時也是最重要的，我們可以使用塔羅牌作為自己靈性發展的橋樑——一個揭示者和見證者。我們可以用塔羅牌來占卜前世或來世的功課。我們可以解讀其他與我們相連的跨維度世界。我們可以在占卜期間要求一位特定的神靈參與並說話。我們可以詢問宇宙此時我們需要什麼，如何知道自己走在正確的道路上，以及我們前幾晚做的怪夢是否有更深的含義。占卜的意義就是與神（聖）對話。

給占卜者的小提示

當問卜者處於我所說的「長牙時期」，他們往往會尋求占卜。就像正在長牙的嬰兒一樣，問卜者會感受到即將浮現的事物所帶來的不適，但通常不知道那可能是什麼。他們常常將其描述為一種靈性感受，伴隨著更多的夢境和同步性。在突破之前的這一刻正是進行占卜的好時機。

☾ 鼓勵接受和承擔責任

當問卜者覺得自己別無選擇、已經嘗試過所有簡單的答案、或感到陷入困境且看不到新出路時，他們常常會來占卜。塔羅占卜通常能給予這些處在十字路口的問卜者答案，而

Chapter 11 塔羅牌的用途超乎你想像

這些答案通常有兩條路：一是嘗試你尚未考慮過的方法，二是需要採取你不想採取的方法。畢竟，重複同樣的事情又希望奇蹟發生是行不通的。

例如，我遇過一位問卜者，他為了職涯參加一系列的檢定，但後來發現由於某種原因，這些認證從未被記錄。他獲得了一份新的工作機會，這個工作機會要求相關的檢定認證。他想與認證委員會抗爭，糾正他們的錯誤。然而占卜的結果很清楚：他必須重新參加檢定。當然，這是他最不想聽到的事，當我們處理他對不公平情況的抵抗時，占卜就會變得困難。占卜的內容中只有一小部分是關於實際情況，其餘都在幫助他接受無法避免的事情，並準備好重新參加考試。還有一個具有預測性的內容，就他的例子來說，占卜顯示他可以毫不費力通過檢定。最終，他及時通過了檢定，開始新工作。如果沒有占卜幫助他在糟糕的情況下找到最佳解決方案，他可能會繼續與認證委員會抗爭，代價是失去這份工作。或許聽到自己輕鬆就能通過檢定便改變了事情的結果。這可能是因果循環悖論嗎？也許吧！

從很多方面來說，塔羅牌解讀不僅僅是一次「占卜」而已。問卜者經常會說這樣的話：「我沒有意識到塔羅占卜這麼像心理諮商。」這是因為他們之前沒有接觸過塔羅牌，足以揭

開面紗、揭露真相和見證生活的驚人技能。這種塔羅占卜方式並不適合所有人，有些問卜者根本不想要這種解讀風格，只要我們為他們釐清，並給予選擇，那也完全沒問題；有些占卜者只想以非預測的方式使用塔羅牌，這也完全沒問題，只要我們清楚傳達自己的方法並為問卜者提供選擇就好。

不過，對我來說，我最擅長的是結合兩者：我想幫助個案療癒並預測未來。如果我拒絕「預測」，那麼也許我會賦予一個固定的答案太多重量，這樣反而失去彈性和自由度。

Chapter 11 塔羅牌的用途超乎你想像

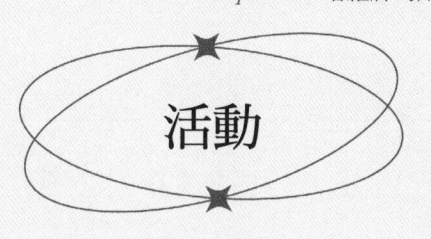

活動

──◦◦） WOOP 牌陣 （◦◦──

有時候，問卜者可能會過於專注最終結果，完全忽略了你為實現這一結果而向他們提供的所有好建議。他們可能會在六個月或一年後打電話給你，告訴你預測沒有實現，同時也很容易忘記他們在實現預測的過程中所需扮演的角色。這表示你所說的話與他們聽到的內容間存在著脫節。在占卜過程中，他們忽略或完全拒絕導致「後續」情境的「如果」假設。然而，我們可以建立一個牌陣來強調這個人對他們期待的結果應該負的個人責任，以及重新建構所需的心理模型，同時從神經層面上強化占卜中所揭露的內容。

WOOP 牌陣（Wish 願望、Outcome 結果、Obstacle 障礙、Plan 計劃）改變了我們解讀塔羅牌的方式，將願望和期望的結果放在首位，同時強調問卜者為實現該結果所需的行為和計劃。WOOP 是《正向思考不是你想的那樣》（*Rethinking Positive Thinking*）作者歐廷珍（Gabriele Oettingen）研發的系統，以二十年的科學數據為基礎，探討如何讓人們擺脫一廂情

願的陷阱，並教導他們如何克服自己的阻礙。為了符合我們的目的，我們添加塔羅牌互動，以更有效地傳達訊息。以下是這個牌陣的結構。

願望（三張牌）

結果（三張牌）　　障礙（三張牌）

計劃（三張牌）
WOOP 牌陣示意圖

為每個階段抽出三張牌。你可以決定是否要使用逆位。在前兩個階段特意選擇你想要的牌，讓它們正面朝上；後面兩個階段則將牌組朝下擺放、洗牌，然後像平常一樣抽牌。

以下是你會請問卜者進行的步驟：

願望：將你的牌組正面朝上。請問卜者從中有意識地選擇三張最能體現願望的牌卡。願望是對未來的正面想法、目標或結果。

Chapter 11 塔羅牌的用途超乎你想像

結果：保持牌組正面朝上的狀態，再次請問卜者特意選擇三張看起來最符合願望結果的牌。當問卜者選出後，請告訴他們靜靜地與牌卡相處，想像這些牌卡在腦海中變得栩栩如生，並帶來想要的結果。

如果你與問卜者一起使用此牌陣，請不要擔心他們選擇的卡片是否「技術上正確」——我們更注重他們如何與圖像連結，以及這些牌卡對他們的意義。此外，邀請問卜者解釋為什麼選擇這些牌卡？為什麼選擇那個圖像？這對他們意味著什麼？

把你的牌留在桌上；不要將它們重新洗回牌堆中。再次將你的牌面朝下，像平常一樣洗牌並抽牌。若是與問卜者一起使用此牌陣，後面兩個部分是你以占卜者的角色來進行，而問卜者則聆聽你的解讀。

障礙：你的內心有什麼阻礙你實現願望？你主要的內在障礙是什麼？

計劃：你需要什麼？需要改變哪些行為或習慣來克服內心的障礙？

現在，將牌卡當作一則敘述來解讀：「我的願望是（x）。當我計劃（y）時，那麼（z）的結果就成為可能。」以下是與一位問卜者一起使用 WOOP 牌陣的範例。

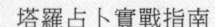

願望

問卜者的願望：我希望我能完全接納自己。

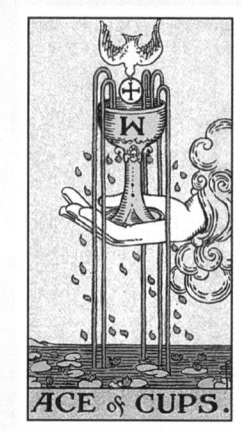

力量、聖杯一、世界（逆位）

占卜者：「請跟我談談你選擇這些牌卡的原因。它們如何描繪出你的願望？」

問卜者：「有了力量，我看到自己處於一個完整的狀態，每個方面都能和諧共處。聖杯一提醒我用力量與愛去愛自己，這樣我就可以自由自在且完整地生活在這個世界中。」

占卜者：「這真是一個美好的願望。現在，想像一下如果你的願望實現，結果會是如何？如果你完全接納自己，你的生活會是什麼樣子？」

Chapter 11　塔羅牌的用途超乎你想像

◆·《 結果 》·◆

問卜者的結果： 能夠過著舒適的生活，充滿信心地迎接任何挑戰，同時以關愛、尊重和仁慈對待自己。

聖杯九、錢幣九、皇后

占卜者：「好的，現在請告訴我這些牌卡如何描述你所想像的結果。」

問卜者：「我感覺自己擁有所需的一切。我可以追求人生目標，因為我知道這是我應得的。那個擁有所有錢幣的女子提醒我，我已經富足。皇后提醒我，我也需要照顧好自己，這再次提醒我，我值得生活的一切美好：豐收。」

接下來的兩個步驟是抽出覆蓋的牌。此外，占卜者需要負責解釋所看見的內容，而問卜者負責聆聽。

障礙

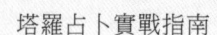

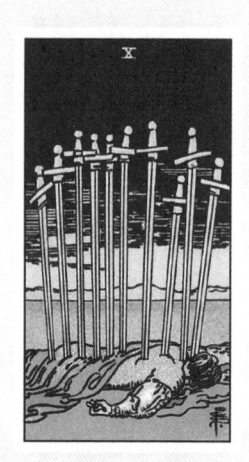

寶劍五、戀人、寶劍十

占卜者：「寶劍五、戀人和寶劍十告訴我一個故事。也許它是過去的故事，但這讓我想知道，你是否曾被某人拋棄過？」

問卜者：「自從十年前離婚後我就一直單身。我一直無法忘記他背叛了我。他對我說了一些非常糟糕的事，我永遠不會忘記，這讓我對自己感覺很糟糕。」

占卜者：「聽起來像是他的拒絕讓你開始拒絕自己。對嗎？」

問卜者：「哇，是的，我覺得是這樣。」

占卜者：「你能用一句『我內心的障礙』為開頭的句子來表達你內在的障礙嗎？」

Chapter 11　塔羅牌的用途超乎你想像

問卜者:「我內心的障礙是自我拒絕,這源自於我曾被拋棄。」

占卜者:「做得很好。現在,你能用『你內心的障礙＋「是阻礙我……」＋你的結果』造一個句子嗎?」

問卜者:「我因為曾被拋棄而產生的自我拒絕,是阻礙我享有舒適生活的障礙,無法自信應對任何挑戰,也無法以關愛、尊重和仁慈對待自己。」

占卜者:「這非常有力量!現在,讓我們為你的計劃抽牌。你的計劃就是你需要做的事情,以此來改寫或克服你內心的障礙。」

──•《 計劃 》•──

錢幣一、星星、太陽

占卜者：「你的天空有三個金黃色的圓盤，閃耀著光芒，被很多人看到。它們毫不掩飾地閃閃發光。錢幣一通常代表一種獎勵、一個來自宇宙的禮物；它也可以代表你自己就是宇宙送給他人的禮物。

「星星牌指的是採取積極和鼓舞人心的心態，並為美好事物留出空間。好事有可能再次發生。最後，我們有太陽牌，這是這堆牌裡最正面的牌之一。對我來說，太陽牌以最簡潔的方式說著『是的！』

「在這裡，我們看到心態的轉變，從被拒絕、自我否定、到徹底地接納。既然障礙源自於別人拒絕你，那麼答案就在於你接受別人。我們透過建立各種關係來接納他人、修復友誼和家庭關係、將新朋友帶入你的生活，並追隨自己的熱情。是什麼讓你感到快樂？你如何找到其他人分享這種快樂？你有健康豐富的社交網絡嗎？」

問卜者：「不好說。我大多數時間都在工作，通常都是自己一個人。」

占卜者：「那麼你能根據我目前分享的內容，總結出一到兩句話的計劃嗎？」

問卜者：「好吧，我試試看：我需要修復和建立各種關係。我需要走出去，開始做那些帶給自己快樂的事情，並開始

Chapter 11 塔羅牌的用途超乎你想像

培養志同道合的朋友。我需要改變自己的心態，從拒絕他人和自我拒絕轉變為接納他人和自我接受。」

占卜者：「最後一步是將所有內容整合在一起，說：『我的願望是（　　）。當我計劃（　　）時，（　　）的結果就成為可能。』」

問卜者：「我的願望是接納真實的自己。當我計劃騰出時間投入自己的嗜好，並走出去結交志同道合的朋友時，就能夠自在生活、自信地迎接任何挑戰，同時以關愛、尊重和仁慈對待自己的結果就成為可能。」

Chapter 12

審判是一張牌，
不是一種解牌風格

　　你是一名評判者，我們都是。身為占卜者，你會評斷你的問卜者、評斷牌卡、評斷問題，並帶著偏見來解讀內容。我們永遠無法逃避自己的主觀視角。然而，透過觀察和願意對自己誠實，你可以利用這種主觀性來引導自己解讀塔羅牌，這也會讓你成為更好的占卜者，因為當你覺察到自己的主觀性時，就可以為問卜者提供兩件極其重要的事情：占卜中的自主權和同意權。

　　問卜者經常提出易受傷害的問題。他們可能處於情感脆弱的狀態，來找我們尋求答案；有時是為了非常艱難的問題。既然我們被置於權威的角色，就有責任盡力而為。如果我們不加以留意，實際上可能會造成更多傷害。

　　漫步在靈性展覽會時，你可以輕鬆聽到其他占卜者與問卜者對話的片段。即使是透過這種隨意的探索，你也可以瞭解各個占卜者的操作方式有何不同，以及這些差異如何影響他們的

占卜。你還可以看到許多明顯非常糟糕的占卜例子。

引起我注意的是，有些占卜者給出的建議似乎與桌面上的牌卡毫無關係。有時，這些意見是以嚴厲或輕蔑的方式表達出來，顯示出他們已經聽過類似的內容，而這位問卜者跟其他人沒什麼不同。我還聽到問卜者後來在美食廣場或逛寶石攤位時告訴朋友：「我覺得她只是在給我她的意見，而不是真的在解讀牌面。」

這些觀察顯示占卜者提供的內容與問卜者實際想要的內容之間存在著脫節。問卜者想要一場藉由牌卡傳遞內容的占卜，而這些內容會透過占卜者詮釋。然而，某些時候問卜者會覺得占卜者有過於個人化或主觀的傾向。問卜者想要的是神諭，但卻得到了似乎像是不可一世的大媽建議。

☪ 我們總是對的嗎？

如果我們認為自己和占卜總是正確的，因為來自於靈性，那我們要怎麼能夠繼續學習和進步呢？接受回饋和批評的空間在哪裡？「總是認為自己正確」的問題在於，我們不再將占卜的重心放在問卜者身上。一旦我們不再以問卜者為中心，我們就剝奪了他們的自主權。不幸的是，這種未經檢討的占卜風格並不少見。以下是我多年來曾聽過的範例：

Chapter 12　審判是一張牌，不是一種解牌風格

- 身為一個自信的占卜者，我純粹帶著「我沒有錯」的心態來處理這種情況。
- 大約 99% 的時間，我覺得自己沒有錯，因為我總是能「進入狀態」。我相信我的神，也相信我自己。
- 既然我是傳遞神諭的人，那麼說出來的話並不屬於我，因此我不會過濾它。

有一種認知偏見稱為過度自信偏見，這種偏見傾向於過度重視自己的能力，特別是如果我們只內化讚揚而忽視任何批評時。過度自信使我們無法成為更好的占卜者，因為我們抗拒任何可能幫助自己改變或成長的訊息。如果我們把自己定位為所謂的大師，就會把占卜變成關於我們自己的內容，而不是問卜者的。如果問卜者對我們在占卜中所說的話提出異議或受到傷害，我們會說這是他們的問題，不是我們的問題。這種思維模式對問卜者（我們對他們負有責任）和身為占卜者的我們來說都是有害的。

說句公道話，為他人占卜並在公共場合展現技能需要極大的信心。事實上，當社會認為我們的行為虛假或荒謬時，我們可能會在無意中矯枉過正。我們可能會過度捍衛自己的技能，堅持自己的解讀，而不是承認錯誤。我們也可能傾向於給予更多評判，而非洞察的解讀。

占卜時容易闖入的干擾因素

預設立場

地球上的每個人都會基於某人的外表或穿著做出立即且無意識的直覺假設。某人的外表或穿著會影響你對他們的看法，並將占卜引向錯誤的方向。請注意，你的假設並不是真實的，它們是建立在你個人的經驗和歷史上。請不要依賴這些假設來影響你的占卜。

個人觀點

你是否在闡述你對占卜問題的觀點？你是在描述牌面上看到的訊息，還是在即興發揮？你是否有足夠的自我意識來識別兩者的差異？對占卜中出現的事情持有自己的意見是完全正常的，但這些意見真的該被分享出來嗎？如果你確實表達了你的觀點，那麼這個觀點又是從何而來？是你的智慧、經驗、偏見還是其他地方？瞭解觀點的來源有助於你確認分享此觀點是否對占卜有幫助。

進行推測

你是根據證據得出結論嗎？你是為了填補占卜中可能出現

Chapter 12　審判是一張牌,不是一種解牌風格

的空白而推測,還是在回答問卜者提出的問題?你是否向問卜者明確表示你提供的只是猜測,而不是牌卡本身的訊息?

✹ 訴說的故事

　　一個特別棘手的技巧是,要注意當你在為問卜者解讀時出現了哪些個人故事。這些個人故事可能是一個直覺的靈感,有些來自你生活的經歷,可以為占卜添加意義。然而,務必謹慎使用這種技巧,因為一旦分享你的故事,它可能會將關於問卜者的故事強行套用至你自己的經歷中。你可能會錯誤地假設情況將如何發展,或者挑選符合你心中敘述的牌卡。即使你已經聽過無數次同樣的問題,對這位問卜者來說,占卜中回答問題的解讀都是獨一無二的。請注意,不要透過自己的經驗來歸類其他人的故事。

✹ 被觸發情緒

　　你是否被問卜者或問題本身觸發情緒,可能會干擾你以中立的立場為他們占卜?他們的問題是否讓你感到不安或勾起不愉快的想法或回憶?當這種情況發生時,你是否會尊重這一點,並讓問卜者結束會談,因為你在這種情況下無法成為忠實的訊息傳遞者?

✺ 反移情作用（Countertransference）

問卜者身上是否有某些特質引起你的情緒和行為反應，無論你是否知道原因？你是否變得過於熱心助人或者透露太多關於自己的事情？還是你會對問卜者變得更加挑剔和批判？當你注意到這一點時，你對自己誠實嗎？你是否採取適當的措施來處理自己的情緒，以免反移情作用干擾占卜？如果你無法做到，你是否會結束與問卜者的會談？

☪ 常見的保持判斷力的方法

✺ 自我監控

在占卜過程中，你必須像關注牌卡和問卜者那樣關注自己。越早辨識和處理帶有偏見和推測性的想法，就能越快上軌道，或者在不適合你占卜的情況下結束此次會談。這種自我監控的心態與「我所說的一切都沒問題」的心態完全相反。

✺ 清晰的溝通

明確表示你所說的內容是否有來自塔羅牌以外的解讀，始終清楚區分訊息是來自牌卡還是其他來源（超感知感應、個人經驗等）。例如「這是我透過直覺得到的資訊，並不在牌卡

上。」、「我能以四寶媽的身分給你一些建議嗎？」，記得要和問卜者講清楚。

☀ 取得同意

在分享故事之前，一定要先詢問問卜者：「你介意我為你講一個我認為能說明你當下處境的簡短故事嗎？」或「我可以充當『大姐姐』一下子嗎？」務必要得到他們的許可。

☀ 尊重問卜者的自主權

深入傾聽並觀察你的問卜者。他們可能會說「是」，但肢體語言可能在說「不」。如果你感到任何不適（尤其是非言語的），請不要繼續。如果你的問卜者說不，只希望你解讀牌卡，請泰然處之。他們正在向你傳達他們的需求。他們是聘僱你作為塔羅師，而不是偶爾解讀牌面的意見提供者。

☾ 解讀範例：哪裡出錯了以及如何改正？

「我最近為一位朋友占卜，雖然我們目前處於互不往來的狀態。我知道我不應該批評，但她不斷詢問有關工作上某位已婚男子的問題，這讓我感到不安。我試圖改變會談內容，讓它更專注於她自己的婚姻，但她不希望如此。最後，我只好拒絕

了。我告訴她我不能再針對可能發生的外遇回答任何問題。我猜解讀塔羅牌可能不適合我，我也在想我是否失去了一位朋友。」

☀ 什麼地方出錯了？

1. 占卜者被觸發

雖然占卜者聲稱她不應該批評問卜者，但實際上她確實這麼做了：她說這些問題讓她感到不安。為什麼它們會讓她感到不安？因為她認為那是不對的。

2. 占卜者繼續進行

占卜者並沒有承認自己的不適，而是決定繼續進行，儘管她內心抱持著深深的保留態度。她沒有尊重自己的界限。我們知道這一點是因為問題接二連三地出現，而她讓這種情況持續太久，試圖取悅那個讓她感到不適的問卜者。

3. 占卜者未經同意更改占卜內容

占卜者（我可能會說這其實有點偽善）最終決定問卜者真正需要的是忘記那個可能的外遇對象，轉而在她的婚姻努力。正如你所看到的，問卜者並未接受這一點。

4. 占卜者沒有提供問卜者想要的東西

問卜者想要的是有關實際情況的占卜，但占卜者認為問卜

Chapter 12　審判是一張牌，不是一種解牌風格

者真正需要的是有關心理層面的解讀。基本上，占卜者並沒有堅持我一直提倡的三件事：溝通、同意和尊重自主權。她的界限設定得太晚了。

✹ 這次占卜可以怎麼修正呢？

1. 占卜者需要自我檢查

「我對這個問題感到不舒服，我能以中立的角度繼續進行占卜，還是需要結束會談？」

2. 如果無法客觀解讀，請結束會談

「我很抱歉，但我無法占卜這個主題。我沒有得到相關的訊息。」（或者表明「我不做第三者占卜」或「我無法與這個主題建立連結」）

給占卜者的小提示

結束會談並不是你的失敗；它代表你積極觀察自己的偏見，並在適當時機停止占卜。你的界限可能會隨著時間改變和擴大，這也完全沒問題。

---

3. 繼續會談，並清楚告知問卜者你可以做的和不能做的

我們可以提出自己的界限，然後讓問卜者做出選擇。關鍵

是獲得每一步的同意。請和問卜者溝通並徵得許可。

4. 如果繼續進行，請回答問卜者的問題

許多新手塔羅師在不合適的情況下，會採用更心理化的占卜方式。如果問卜者詢問她這個月如何支付房租，請回答這個問題。請不要將問題改寫為「我對金錢本質的心態是什麼？」如果你發現自己轉向精神分析領域，而你的問卜者只是想知道他們是否即將被房東趕出去，這代表你沒有在傾聽；這也可能代表你不相信牌卡正在回答問題。你正在奪走問卜者的自主權。

給占卜者的小提示

我認為這種情況更像是例外而不是規則，但如果確實發生了，我想再次強調，我們仍然要堅持溝通和同意。「占卜正在談論其他事情，我猜它想先處理這個話題。我可以從這裡繼續下去嗎？」一旦他們說「可以」，那就繼續進行。

身為一名占卜者，你仍然可以對你願意占卜的內容設定界限——你不必為所有人占卜所有問題。你可以成為一位不接受某些特定問題的占卜者，這完全沒問題。你的界限也可能會隨著時間而改變，這經常發生在你為許多人占卜很長一段時間

Chapter 12 審判是一張牌，不是一種解牌風格

後。作為他人的占卜者，我對人們選擇的道路不再那麼帶有批評性，對複雜人際關係的本質也有了更多的理解。然而，如果某些事情確實影響了我，讓我知道自己無法成為客戶的最佳塔羅師，我會坦誠告訴他們並結束會談。

☪ 牌卡偏見

到目前為止，我們都是從占卜者的角度討論判斷——判斷問卜者本身、判斷問題本身、以及這些判斷如何被呈現出來。除此之外，另一個要素是我們如何判斷塔羅牌中的個別牌卡，以及這些判斷如何阻止我們清晰地解讀它們。每個人都有與生俱來的偏見；有些牌卡是我們的心頭好，有些牌卡是我們的眼中釘。這些反應基本上是身為占卜者的我們將自己的情感和感受轉移到牌卡上的結果，而這些內在模式會影響我們與問卜者分享的訊息。這裡有一個故事可以說明我的意思。

我曾和一位塔羅師是朋友，但後來鬧翻了。我在社群媒體上關注她，看到她發布了一篇有關權杖皇后的貼文。當時，「權杖皇后」是我的公司名稱。

她筆下的權杖皇后特別討人厭。據她所言，權杖皇后是一位戲劇化女王，喜歡惹麻煩，把一切都圍繞在自己身上。雖然這可能是權杖皇后的一部分特質，但並非她的全貌。很

明顯，我的前友人已經把她對我的厭惡轉移到權杖皇后牌身上。

雖然她有權發表自己的意見，但她的偏見對於其他毫無戒心的人來說是不公的，這些人也會以權杖皇后的身分出現在占卜中。或者，假設問卜者在詢問一次熱戀的約會時出現了權杖皇后，我的前友人會怎麼詮釋？可能沒有太多好評價。她對權杖皇后明顯的執念表明了兩件事：她需要留意自己解讀中滲透出來的偏見，且這些牌卡也可以反映出個人成長和自我探索的領域。

我前友人的反應並不罕見。有些牌卡確實會更容易觸發占卜者的情緒。我清楚記得自己曾聽到一位占卜者告訴問卜者，寶劍騎士「總是一個虐待型的人」。可憐的寶劍騎士！我也看到很多占卜者明確表示不喜歡其他角色，例如皇帝牌和教皇牌。當然，這些反應可能源於創傷。也許他們每天都在與父權制度鬥爭，或是離開了一名專制的施虐者。但皇帝和皇后一樣都是善良和必要的存在，教皇與女祭司同樣樂於助人和優秀。如果我們發現自己無法從中立的觀點看待每張牌，就會對占卜造成一種傷害。我們變成只是在闡述自己的觀點，而不是讓占卜本身說明一切。

好消息是，我們可以透過努力來與每個塔羅原型建立更好

Chapter 12 審判是一張牌，不是一種解牌風格

的關係。在這個過程中，我們也在處理一些自己的課題。身為占卜者，我們不僅在幫助他人，也在透過為他人占卜來幫助自己，這對所有參與者來說都是雙贏的局面。就像任何關係一樣，你與這七十八張牌的連結會隨著時間而增強。如果你的練習變得停滯不前，總是以相同的方式看待相同的牌卡，幾乎沒有變化，那麼是時候稍微改變一下了。如果你發現自己對某些牌卡感到困難，那麼本章最後的活動應該會對你有所幫助。

活動

不要討厭教皇牌：如何與困難的牌建立新關係

選擇一張對你來說不好處理的牌。也許你不知道為什麼會對這張牌感到困難，或者選一張大家都喜愛但你卻感到棘手的牌。也許困難並不明顯——你不討厭這張牌，但當它出現在占卜中時卻會感到不舒服。一旦你選出牌卡，請進行自由書寫（我建議寫兩頁左右的內容）回答以下問題：

- ✦ 當你出現時，我會產生什麼情緒？
- ✦ 當我看著你時，我會注意你哪些圖案，我認為這可能代表……
- ✦ 你讓我想起了……
- ✦ 當……的時候，你就出現了。

寫完內容後，將這份作業放置二十四小時。注意這段時間裡是否有任何事情發生：任何回憶、夢境，或你生活中與他人相處的情況。請隨時記錄下來。

二十四小時後，請拿出你的自由書寫作業，並將它們與你過去二十四小時的生活進行比較。是否有一些主題在這份筆記

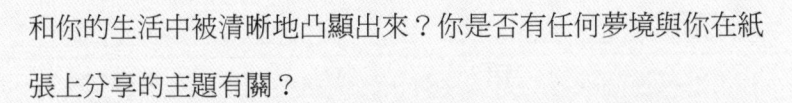

Chapter 12 　審判是一張牌，不是一種解牌風格

和你的生活中被清晰地凸顯出來？你是否有任何夢境與你在紙張上分享的主題有關？

閱讀你的自由寫作，將特別相關的句子和單字劃線，並將它們列成一張清單。你應該會得到一份清單，羅列你與這張牌互動過程中特別強大的詞語和字句。

現在從你的牌組中取出這張牌。如果你有多套牌，請選擇最不會觸發你情緒的牌，或與你對這張牌的自然聯想不太一致的牌。將這張牌正放，讓你可以看著圖像，接下來你將與它連結。

想像自己是牌卡中的人物或任何面向，努力將自己化身成那張牌。一旦你感覺自己已經化身為這張牌時，請回顧你之前寫的回答清單，並根據你現在所扮演的牌卡角色，寫一篇反駁或解釋的內容。

─•《《 **範例** 》》•─

自由書寫段落：教皇是嚴厲、封閉且愛批評的。

教皇：我的角色是透過他人與神的關係來幫助人們。我對神的熱愛是如此深厚，為了成為神意志的僕人，我做出了許多犧牲，包括為窮人、被遺棄者和弱者服務。每天，我都努力保持謙遜，包括隨時隨地聆聽神的旨意。無論愛在哪裡，我都希

望去那裡。

　　進行這個練習的方法沒有正確或錯誤之分；牌卡將與你交談，幫助你來理解原型，並將它整合為一個完整的核心。繼續下去，直到你感覺到轉變，並觀察這種轉變如何在未來的占卜中顯現出來。

Chapter 13
為什麼他們會誤解你所說的話

每位占卜者都經歷過這樣的時刻——你正在擺放牌卡,問題很明確,故事情節清晰地出現在你面前。你傳達訊息,而且深知占卜是準確的。但隨後你的問卜者退後了一步,抱起雙臂,說你錯了。身為占卜者,我們通常可以判斷解牌何時出現偏差。也許是問題不正確、牌陣不合適,或你只是出於某種原因沒有與問卜者產生共鳴。

本章的重點在於判斷和解釋占卜中出現問題的原因。下一章會闡述當這些會談被打斷時該怎麼做。閱讀本章時,請思考自己占卜時曾遇過的類似情形,以及你對此採取的措施。如果你還不曾為別人占卜,也可以將這些情況應用到你生活中發生的其他事情上。

☾ 當人們把矛頭指向信使時

你可能會感到困惑,為什麼有人一遍又一遍地帶著同樣的

問題回來做同樣的占卜，卻忽略牌卡的建議。為什麼問卜者會曲解你的話，聲稱你說了從未說過的話？當這些事情發生時，它們會擾亂身為占卜者的信心和自我價值感，導致我們會質疑自己的占卜技巧，甚至可能因此將牌卡束之高閣。成為占卜者需要肩負巨大的責任，但這責任並不完全屬於我們。

我無法告訴你有多少次我在眾人面前為某個人占卜，問卜者搖頭說「不是」，而她的朋友們都用力點頭說「對」的情形。我記得曾有一場現場藝廊占卜（在公共場合為多人占卜），一位年輕女子詢問她的愛情生活，但情況看起來不太樂觀。我盡可能溫柔地傳達這個訊息，她的朋友們正準備從座位上跳起來表示同意，多數觀眾也贊同這則訊息。當我占卜完後，她卻說：「哦，沒關係，反正我不相信這些東西。」這位可憐的女孩引起軒然大波，因為人群跳出來捍衛我的占卜（也是為自己辯護，因為他們相信這些東西！）所以，如果我們正在進行占卜，而問卜者指出我們錯了，我們應該相信他們嗎？不一定。

身為占卜者，你可能還會發現自己在不知情的狀況下成為他人關係進展中的代罪羔羊。人們想要一個藉口：「我要離開你，因為我的塔羅師說你不好。」當人們想要逃避對自己行為的責任時，你的占卜（也包括你本人）就成為卸責的出路。身

Chapter 13 為什麼他們會誤解你所說的話

為一名執業塔羅師，我曾為憤怒的前任伴侶進行占卜，實際上是要利用這段時間告訴我，我才是造成分手的原因；或者，他們利用我來收集有關他們伴侶的情報。如果你懷疑你和你的占卜內容被當作武器，請結束會談。沒錯，即使你是為朋友和家人隨意占卜，這種情況仍然可能會發生。事實上，為親近的人占卜時狀況更危險。如果占卜內容建議她與男友分手，但她決定留在這段關係中，你的朋友還會是朋友嗎？在她告訴她男友關於你所占卜的內容後，還會邀請你和她男朋友共進晚餐嗎？在為朋友和家人占卜之前，請仔細考慮這是否會影響你與他們的關係。

☾ 當問卜者聽不進你在說什麼時

另一種問卜者可能會指正我們錯了（但其實我們是對的）的狀況是：當他們過於專注於一件事，除了他們正在尋找的特定答案之外，他們聽不進任何聲音。例如，我記得曾在一次占卜中告訴某人，我看到她與猶他州有家庭連結，感覺像是在 1800 年代。她搖搖頭告訴我她不知道我在說什麼。然而，那天晚上，我無意中聽到她提起最近發現自己有摩門教的血統。我難以置信地問她：「妳怎麼沒發現這跟我所說的有關聯呢？」她說她只是沒有想到這件事。

有時，問卜者過度專注於尋找「藍色」這個字，以至於當你說「靛青」時就完全錯過它。問卜者的傾聽之耳可能相當狹隘，只關注某一點。你沒有錯，只是沒有使用這個人需要的特定詞語來表達它。

那麼這一切到底怎麼回事？占卜者該如何理解正在發生的事情以及如何處理它？一句話：心理學。任何占卜過程中都會同時發生很多事情，這並不容易，但不要驚慌！我將為你提供一些基礎的心理學術語，幫助你在占卜中辨識正在發生的事情，以及如何在事情發生時以最好的方式處理它。

☀ 移情（Transference）

移情是西格蒙德・佛洛伊德（Sigmund Freud）首次提出的術語，指的是一種心理現象，即某人將對一個人（例如他們的父親）的反應轉移到另一個人身上（例如他們的心理治療師）。移情不僅發生在治療期間，它無時無刻都會發生在人與人之間。在占卜中，問卜者可能會將他們對生活中某人的感受轉移到你身上。如果你是為已認識的人占卜，這通常不是什麼大問題；但如果你是一名受僱的占卜者，那麼你就像一張白板一樣——問卜者可以在上面寫下任何他們想要的東西。

有一種移情需要特別小心，那就是大師移情（guru

Chapter 13 為什麼他們會誤解你所說的話

transference），意即你的問卜者會賦予你某種智慧或靈性意義，但這些智慧或靈性意義事實上並非基於現實。他們會牢牢記住你所說的每句話，並將你奉為神；但如果你在他們面前犯了一個錯誤，譬如說髒話、打嗝或以其他方式表現出你普通人的一面，他們就可能無法承受。

當你被放在崇高的位置上，最終可能會摔倒，而且是重重摔下。如果你注意到這種狀況，請盡最大努力將崇拜的焦點集中在塔羅牌上，而不是你作為塔羅師的身分。如果你感覺到問卜者開始過度依賴它們，請停止占卜。將任何以「我應該……嗎？」作為開頭陳述的問題，轉為帶有自主性的問題。

另一種移情是浪漫移情（romantic transference）。你在占卜中表現的關懷可能是非常親密的，而你的問卜者可能會將你的善良和傾聽技巧與浪漫對象混淆，這對於那些在愛情方面有困難的問卜者來說尤其如此。如果你發現某個問卜者深深迷戀著你，請暫時停止與他們見面，明確表示你在他們生活中唯一的角色就是擔任他們的塔羅師。

最後，有一種移情是問卜者對你的反應就好像你是他們生活中的另一個權威人物——通常是他們不喜歡的權威人物！他們可能會像對待自己那位總是嘮叨的媽媽一樣對待你，或是像

對待一個自以為比其他人都優秀的兄弟姐妹。移情很多時候是無意識的,所以如果你發現自己被對待的方式似乎與工作無關,可能是移情作用的影響。

如果你為某人占卜,並指出他們那個會施虐的男友是不好的,但隨後他們卻不再和你說話,那麼他們可能將對這段關係的某種羞恥或批判轉移到你身上。他們不會對正確的人生氣,而是將情緒轉移到你身上。這就是為什麼我會建議對於朋友和家人要慎選某些占卜類型。

投射(Projection)

投射這個詞最早由佛洛伊德提出,意指人們將真實的自己歸因於他人的心理現象。例如,一段關係中的出軌者可能會對伴侶產生非理性的懷疑,並指責對方出軌,實際上是將自己所做的事情完全投射到別人身上。

在占卜中,投射可以表現為指責一個根本沒有發生的事情。我曾遇到問卜者聲稱一些讓我摸不著頭緒的事情,例如有一位問卜者跟我說她厭倦了我的玩弄。什麼?我一年只會跟她對話一次而已,她在說什麼呢?無論她內心發生了什麼,都投射到我身上了。

當牌卡不支持問卜者的闡述時,我通常可以覺察出自己正

在處理一個投射問題。例如，問卜者可能會說她的前任不是一位好父母，並試圖尋找解釋來證實她的懷疑。然而，當你抽出牌卡時，你會發現占卜顯示前任實際上是一位好父母，你沒有得到任何牌卡能證實她的判斷；但如果你將她視為「親職角色」來進行占卜，你可能就會看到原本你以為會代表前任的牌組，實際上卻應驗在她本人身上！

給占卜者的小提示

處理占卜中的投射並不容易，因為問卜者想要得到驗證——也就是說，他們希望你告訴他們是對的。請記住，你的工作是解讀牌卡，如果這些牌卡與問卜者觀點不一致，你需要告訴他們；不過，你也可以引導整個解讀過程，重點是達成最佳結果。在上述案例中，我可能會請求進一步占卜，詢問問卜者需要瞭解她的孩子哪些資訊，或者她現在可以怎麼做來成為最好的媽媽。

✹ 認知扭曲（Cognitive Distortions）

「認知扭曲」是一個總稱，涵蓋了我們可能擁有的某些不合邏輯的想法和信念。這些扭曲就像一塊破碎的玻璃，使人無法真正看到占卜的本質。當你能夠識別認知扭曲，就可以賦予

自己退後一步的空間,這會對你有幫助。如果你沒有將這些扭曲視為是針對你的個人攻擊,那麼最終你就可以幫助問卜者克服認知扭曲,讓他們理解你希望提供的占卜內容。大衛‧柏恩斯(David D. Burns)針對此主題的重要著作《找回失去的快樂‧認知療癒自救寶典》(*Feeling Good: The New Mood Therapy*)是很好的參考資源。以下羅列出一些我最常遇見的認知扭曲,以及當問卜者陷入其中時我會採取的做法。

1. 全有或全無的思考(All or Nothing Thinking)

人們經常因為想要釐清某些事情而求助塔羅牌,這通常代表明確的答案:是或否、去或留。因此,如果占卜的內容更細緻入微或為情勢添加了複雜性,問卜者可能會試圖強行給出比實際情況更清晰的答案。這種渴望來自於焦慮,他們希望緩解焦慮,唯有得到一個明確的答案才能達到這個目標。

在這種情況下,問卜者可能會試著迫使你得出自己沒看到的結論。他們常會連珠炮般地提出關於細節的問題,讓你感覺自己突然像是站在證人席般接受盤問。你可能會發現自己陷入困境,試圖跟上節奏,甚至為了減輕壓力而草率作結。這些狀況確實很棘手。也許你可以占卜一些釐清用的問題,嘗試獲得更多細節,但說到底,你的角色是堅定你所見,而不是強迫占卜符合問卜者希望的樣子。

2. 過度概括（Overgeneralizing）

當某人看到一則負面訊息，然後得出某個結論，並認為這個結論適用於其他所有情況，就會發生這種認知扭曲。以下是我在占卜中看到的例子。

塔羅師：「我在這次占卜中看到你對待愛情的方式會出現一些巨大轉變，但短期的預言顯示，將會有一個人出現，並具有和你前任一樣的自戀特徵，你需要克服這些事情。」

問卜者：「但我已經非常努力地做出積極改變了！我想我就是注定要失敗，我永遠不會在愛情中幸福。」

當某人感到沮喪和絕望時，往往會過度概括。這種情況經常發生在那些希望占卜能帶來希望的問卜者身上。這是一個合理的願望，特別是當我們一直在努力做出積極改變時。我們希

給占卜者的小提示

請將重點放在具體性和個人責任來處理過度概括，幫助他們化解絕望，將其轉化為契機。「這件事的教訓是什麼？我需要知道什麼才能幫助我通過這項測試？當我走在正確的道路上時，宇宙會給出什麼信號？」提醒他們，占卜的內容更多的是關於如何修正道路，而不是最終答案。

望看到努力得到回報，因此，當占卜顯示未來仍是負面情況時，我們可能會因為將這種負面的預測視為宇宙回應我們困境時所給予的答案，而感到自己注定要失敗。

3. 過濾（Filtering）

過濾是一種將負面訊息看得比正面訊息還重要的認知扭曲。我最常看到的情況是，問卜者只專注於負面的牌卡，而忽略占卜中所有正面的牌卡。

占卜者：「我抽到太陽、塔牌、星星和金幣十。正如你所見，最終會成功買房，但過程會很艱辛。」

問卜者：「天哪，那你認為塔牌實際上代表什麼？是否代表我的房地產經紀人會退出？還是我會失去我真正想要的房子？這太慘了！塔牌很糟糕，對吧？」

占卜者：「但是你忘記你還有太陽牌、星星牌和星幣十！這些牌都顯示你將會有一個很棒的結果！」

問卜者：「沒錯，但你認為塔牌真正意味著什麼？」

當問卜者過濾並執著在負面牌卡時，他們會選擇性關注占卜內容，並忽略你想傳達的事情。有些人的焦慮會因為相對無害的資訊而進一步升級，因為他們總是在尋找下一個需要擔心的壞事。這通常是一種創傷反應，所以要有同情心。

從更高的視角來看待整個占卜會有幫助。我會提醒問卜

Chapter 13 為什麼他們會誤解你所說的話

者,每張塔羅牌的重量是相等的;「壞」牌如「死神牌」或「塔牌」,本質上並不會比「太陽牌」或「戀人牌」更強大。

占卜的力量來自於敘事;僅僅從牌陣抽出一張牌並賦予比它實際價值更多的情感重量是沒有意義的。我透過請求問卜者相信我的詮釋來處理「過濾」的情況。我告訴他們我沒有隱瞞任何事情,讓他們放心,如果我認為有什麼事情需要擔心,我會告訴他們。提醒你的問卜者,你是站在他們這邊的,會完整解讀占卜並專注於結果。

給占卜者的小提示

我會使用一種強大而簡單的技巧:將牌陣中的牌卡分成兩堆,一堆是「好」牌,另一堆是「壞」牌,輕鬆呈現每堆牌有多高。這種技巧可以幫助他們瞭解占卜中更高層級的脈絡和整體調性。

過濾終究是難以控制的狀態。我不建議為某些人進行預測型的塔羅占卜,因為任何負面消息(即使最終是有幫助的訊息)都會引發擔憂、焦慮,甚至恐慌。對於這類問卜者,尋求更清晰的占卜方式,甚至是神諭卡占卜可能會更有益處。針對這些問卜者最好使用溫和的卡片。

4. 放大（Magnification）

與「過濾」類似，表現出這種認知扭曲的問卜者對負面訊息的重視程度遠遠超過必要，這也被稱為災難化或小題大作。例如每次死神牌出現時通常都會引發這樣的問題：「這是否代表我／我的配偶／我的父母／我的寵物即將死去？」嗯，並不會，因為我們問的是關於工作升遷的事情。

我發現解決這種扭曲的最佳方法是鼓勵提問和對話。如果占卜是一條單行道，只由你進行所有的談話（許多問卜者確實完全期望你進行所有的對話），那麼你將無法衡量他們接受資訊的狀況。請確保你在解完牌後會提出一些問題，例如「你覺得這怎麼樣？」或「你對剛剛分享的內容有什麼看法？」在占卜中留出回饋的空間，可以讓你確定自己分享的內容和他們聽到的內容是同步的。

對話確實很重要，因為「放大」常常會讓問卜者替我的說法添加一些東西。他們會聲稱我說了一些我根本沒有說過的話。讓我難以置信的是，人們記憶中的占卜內容與我自己記憶之間的差距。認知扭曲愈嚴重，差異就愈嚴重。透過提出問題來確認他們聽到的內容，你就可以確保占卜結果是按照你的意思表達。

5. 否定正面（Disqualifying the Positive）

否定正面是一種認知扭曲，指的是某人總是不相信生活中的正面事物。這種情況在那些可能陷入「受害者思維」的問卜者身上尤為明顯。當問卜者滔滔不絕地談論自己的過去和生活中的困難，但卻對能解決問題的建議表示抗拒時，你可以感覺到這種扭曲正在運作。他們拒絕對美好事物或對他們有益的事物心存感激，並避免任何可以幫助他們看到生活中美好事物的嘗試。

這些問卜者最容易占據整個占卜過程。你可能會發現自己幾乎無法插話，被迫成為證人或旁觀者的角色，見證他們所感受到的困境。你試圖將他們引向正面或強調他們個人責任的解

給占卜者的小提示

有時你會發現自己更像是被當作傾聽者，你透過塔羅牌所提供的建議和支持被對方忽視。如果是這種情況，身為他們的占卜者，你要決定自己想擔任什麼角色。你是否允許他們將你安排為聽眾，聆聽他們的受害者心態和消極情緒？請記住，你有權直接與他們溝通，告訴他們你所使用的方法；如果這不適用，就放他們離開吧。

讀都會被忽略。我發現這種認知扭曲是最難解決的問題，基本上你是處在被操縱的狀態，要麼藉由迎合他們的觀點來參與他們的扭曲，要不就被降格變成他們生活中又一個壞人。

6. 情緒化推理（Emotional Reasoning）

老天，你知道那些關於雙生火焰／靈魂伴侶的占卜中，其中一方被描述得很糟糕，但問卜者卻告訴你，當他們和對方在一起時，感覺好像「遇到命中注定的人」？這大部分可以歸因於情緒化推理的扭曲。

情緒化推理指的是，你把對某種情況的主觀感受視為客觀事實。尤其涉及浪漫關係時，這種現象可能非常危險，因為它會讓人們誤以為兩人間的「化學反應」是健康及和諧關係的可靠指標，或者認為化學反應是唯一重要的事情。

想要占卜這類浪漫糾葛的問卜者通常會尋找兩件事：第一，他們希望確認所感受到的東西具有更高的意義和目的，超越關係中經常出現的危險信號；第二，他們內心有一部分知道自己所感受到的東西可能不太對勁，需要幫助來瞭解真相。作為占卜者，最困難的部分就是要確認你的問卜者是哪一種情況。

Chapter 13　為什麼他們會誤解你所說的話

> **給占卜者的小提示**
>
> 　　謹慎行事。那些具有強烈情緒化推理習慣的問卜者,在聽到一些他們不想聽的事情時,非常有可能會猛烈抨擊你。這種反應類似於上癮者遇到有人扔掉他們收藏品時勃然大怒的情形。

7. 改變的謬論（Fallacy of Change）

「只要他能改變,我們的關係就會變得幸福。」如你所料,這種思維模式是占卜中常見的認知扭曲,暗示了不健康的關係。具有這種扭曲的問卜者通常會期望占卜能夠預測對方何時會改變。它經常出現在愛情占卜中,問卜者投入了時間和精力來幫助對方發揮潛力,但這種潛力並沒有實現。現在問卜者開始不耐煩,尋求占卜來瞭解如何讓他們的伴侶改變。許多相互依賴和互利的關係都符合這種模式,這也與沉沒成本謬誤有關,也就是「我已經為這段關係付出了這麼多」。

> **給占卜者的小提示**
>
> 針對這些類型的占卜,我嘗試了幾種方法。首先,我可能會建議占卜以下問題:「如果他無法做出我所要求的改變,這段關係會是什麼樣子?」我也可以反過來問:「假設對方根本不改變,那我需要自己做出哪些改變才能讓事情順利?在這種情況下,我會開心嗎?」在大多數情況下,帶有這種謬誤的問卜者會以「我應該留下還是應該離開?」來開始占卜。

8. 公平的謬論(Fallacy of Fairness)

當我們受苦時,常常會問「為什麼是我?」或者「我是個好人,為什麼這件事會發生在我身上?」之類的話,但你知道我從未聽過的是什麼嗎?「我中獎了!為什麼這種事發生在我身上?」只有當我們處於吃虧的一方時才會詢問公平性。我們會問這個問題是因為在某種程度上,我們相信宇宙是以「選賢與能」的概念在運作。既然我們是好人,那麼好事一定會發生在我們身上;但當壞事發生時,這就不公平了!

身為占卜者,我們或許無法明確地告訴問卜者為什麼這種不公平的事情會發生在他們身上;但我們可以幫助他們正確看

Chapter 13 為什麼他們會誤解你所說的話

待事情，這樣他們就不會將這種情況視為來自宇宙的怠慢。這並不涉及業力，上帝也沒有在懲罰他們。有時候，生活就是很不公平，所以我們需要處理正在經歷的痛苦，並以堅韌而不是怨恨的方式前進。

活動

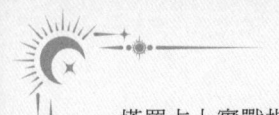

辨識扭曲：占卜情境小測驗

以下範例是基於我曾實際進行的占卜情境。你在這些情境中看到了什麼扭曲？請記住，可能不只一個扭曲現象在運作。找出扭曲的地方，並撰寫一篇腳本，說明如何繼續進行占卜並幫助問卜者克服扭曲的思維模式。

場景 1

問卜者：「我已經單身好幾年了，什麼時候會有新的人進入我的生活？」

占卜者：「我為你抽到以下牌卡：隱士、寶劍二、聖杯八、權杖十和聖杯三。這顯示你一直處於孤獨和困境中——做同樣的事情卻期待不同的結果。如果你願意努力走出舒適區，將會獲得新的社交生活。我還沒有看到愛情的跡象，但我認為這次占卜強調的是在奔跑之前重新學習走路的道理。聖杯三告訴我，你已經成功做出生活中必要的改變，開始踏上轉變的過程，我認為這將帶你走上愛的道路。」

問卜者:「但是你沒有在牌中看到愛情嗎?」

占卜者:「暫時沒有。」

問卜者:「我想我注定永遠不會被愛。我會一個人孤獨終老。什麼都不會改變。」

場景 2

問卜者:「我和多年的好朋友即將建立一家新創公司。這個行業對我們來說都很陌生,但我對此感覺很好。我相信,如果我把退休金拿出來投資,一定會賺很多錢。老實說,我甚至不知道為什麼我會來占卜這件事。我的意思是,我的直覺非常敏銳,它告訴我這件事情是對的。」

占卜者:「我為你抽到了寶劍騎士、世界、寶劍十和聖杯八。牌面顯示,你從一開始會非常強勢。寶劍騎士代表了你們行動的堅定程度,以及你們兩位對於推動創業的決心。你成功地將公司推向世界,但是寶劍十指出你的翅膀在你到達巡航高度時被折斷了;這可能意指嚴重的財務損失。最後,聖杯八顯示,你會因受到重大損失而離開。」

問卜者:「這只是個預測,而預測可能會變,對吧?我的意思是,占卜可能是錯的。我只是覺得這將是一個巨大的成功。我和我的夥伴已經投入了這麼多。抱歉,但是這次占卜並

沒有引起我的共鳴。」

場景 3

問卜者：「我下週有一場面試。我能得到這份工作嗎？」

占卜者：「太令人興奮了！讓我們來看看。我抽到了女祭司、權杖一、錢幣四逆位、力量逆位。我想你會得到一個工作機會。對我來說，權杖一是個重要的聘僱指標。但逆位的錢幣四和力量牌顯示，聘僱條件並不完全是你希望的。逆位的力量牌特別告訴我，你沒有太多的談判籌碼來改變這一點。」

問卜者：「但是，我能做些什麼來得到我想要的條件嗎？」

占卜者：「我認為最後兩張牌強烈表示沒有什麼是你可以使得上力的。」

問卜者：「你能再抽幾張牌，特別詢問有什麼是我可以做的事情嗎？」

占卜者：「當然。這裡有命運之輪、月亮和愚人。我認為會有一些來回談判，但月亮牌並不是一個正面指標。事實上，當我看到月亮牌和愚人牌在一起時，它們告訴我這家公司打算放慢談判過程，同時尋找資歷較淺的人來接受這份工作。」

Chapter 13 為什麼他們會誤解你所說的話

問卜者：「但是如果我和在那裡工作的朋友談談呢？我真的很想要這份工作，而且我真的需要一份很好的薪水。難道我們就沒有辦法讓它們開價高一點嗎？」

Chapter 14

當占卜不順時該怎麼辦？

當我剛開始占卜時，我感到很興奮。人們告訴我占卜很準確，我也很開心能得到這些正面回饋。然而，終究會來到某段時期，事情不再那麼順暢，我也不知道該如何解決。

我逐漸明白，大多數困難都與這些主題有關：期望、心理觸發、溝通和界限。一旦我們知道問題的根源，大多數挑戰都可以輕鬆解決。好消息是，大部分的問題並不是因為你不是一位好的占卜者而導致的！

以下列舉一些占卜者可能會面臨的常見挑戰，以及這些問題的解決方案。有些曾在上一章介紹過了，對你來說可能已經很熟悉，本章將會討論身為占卜者的你該如何最好地處理這些情況。

然後，我會提供一個專為你設計的活動，讓你在這些事情發生時（它們遲早會發生的），可以找到一個幫助你快速恢復信心的工具。現在，讓我們開始吧！

☽ 處於危機中的問卜者

如果問卜者處於恐慌模式,首先我會問自己:「問卜者是否處於可以接受占卜的狀態?」他們是否能夠聽進占卜內容,還是情緒激動到一邊啜泣、一邊不停說話?你需要做的第一件事絕對是先進行健康安全檢查,例如詢問這些問題:

✦ 你受傷了嗎?
✦ 你安全嗎?
✦ 你有想要傷害自己嗎?

根據對方的答案,你可能需要報警或撥打危機求助熱線。不要試圖扮演英雄並解決超出你身為占卜者「職責範圍」的事情。請尋求最能提供協助的專業人員。

給占卜者的小提示

最好準備一份與你所在地區相關的危機求助號碼清單。請準備一份方便參考的表格,包括緊急服務、家庭暴力服務、流浪者之家、免費法律援助和食物銀行等電話號碼。如果你懷疑問卜者無法冷靜地自行做這件事,請在現場陪伴他們打電話。雖然你不是社工,但你仍然可以幫助問卜者到達目的地,或協助他們找到最能幫助他們的人。

Chapter 14　當占卜不順時該怎麼辦？

☾ 出現恐慌不安的問卜者

有些問卜者會表現出心煩意亂和情緒激動的情況。雖然占卜並不是緊急事件，但他們所感受到的情緒確實讓人感覺緊迫。如果你已完成健康安全檢查，並且從安全的角度來看一切似乎都正常，接下來請確定問卜者是否需要發洩情緒。

發洩情緒的人通常語速很快，話題也很跳躍。也許你的角色是傾聽和驗證他們的感受。你也可以建議他們和你一起調整呼吸，讓他們放慢腳步以配合你的節奏。如果傾聽和呼吸練習使他們變得容易接受訊息，那麼你就可以繼續占卜；但如果他們仍然感到緊張和不安，最好下次再進行解牌。

☾ 具有心理健康狀況的問卜者

你可能會遇到一些讓你懷疑他們正在處理心理健康方面問題的問卜者，若是如此，請將他們轉介給可以提供幫助的適當機構。如果你的問卜者在真正需要專業心理治療師時卻把你當作替代的治療師，請不要讓他們這麼做。如果你沒有接受過幫助治療憂鬱症的培訓，請不要擔任這個角色。有時你可能必須告訴問卜者你不能再為他們服務了，因為你不是他們需要的專家；這是為了保護雙方。問卜者可能再也不會來找你，或轉而去找另一位占卜者，而不是尋求需要的幫助。雖然這令人失

望,但他們的反應不是你的責任。你的責任是知道什麼時候可以成為他們的占卜者,什麼時候他們的需求超出了你的職責範圍。透過轉介,你已經做了正確的事情。

☪ 問卜者透露或策劃有害行為

幾年前,我聽說一則關於兇手被塔羅師帶到警察局的故事。對方殺了他的室友後去找塔羅師進行占卜。解牌內容開始揭露罪行,他崩潰地承認自己的所作所為。塔羅師隨即撥打了緊急熱線,警察本以為是開玩笑,直到一小時後才趕來。她花了整整一個小時試圖讓他留在那裡,一邊說話、一邊等待警察到來。警察終於到了,正因為有她的努力,兇手成功被逮捕,沒有發生更多的暴力事件。這是一個極端例子;我不曾遇到任何需要報警的情況(感謝眾神)。但身為占卜者,有些人可能會透露他們正在考慮做什麼、或已經做出了傷害他人的行為,無論多麼微小。我的理念是,如果某人承認犯罪或計劃傷害他人,我會毫不猶豫地報警並提供相關資訊。如果我的問卜者承認或告訴我他們計劃傷害兒童或老人,我也會致電兒童保護服務機構或老年人虐待熱線。

我非常重視保護問卜者的身分和會談內容。跟諮商師一樣,我不會告訴任何人是否有誰來找過我。我對別人的私事也

Chapter 14 當占卜不順時該怎麼辦？

是抱持開放態度，你就做你自己；但當涉及到虐待、強姦、攻擊或謀殺時，我會毫不猶豫地舉報，你也應該如此。

☾ 期待你能讀心的問卜者

有些問卜者希望你能直接說出他們的想法，而不需要他們實際說出來。這是一個期望問題：他們期望占卜者做的事情和大多數占卜者**能**做的事情不同。

當他們不願意回答你問題，或因為害怕給你「情報」而拒絕說太多時，你會知道你遇到了這種心態。他們可能會說：「哦，任何事情都可以。」不要落入這個陷阱——在 98% 的情況下，他們想要占卜的是某些特定的事情，但更想知道你是否會自己發現。如果你成功做到，就通過了他們的讀心術「測試」，但這並不是一個好測試。通靈與讀心術不同，也不代表占卜者會按照問卜者內心的優先順序接收到訊息，一般占卜內容並不會總是展現出問卜者想要呈現的內容。

當我遇到這類型的人並感受到對方最初的不情願時，我會說明：「如果你想占卜特定內容，必須先告訴我。這可能與你習慣的風格不同，但這就是我的進行方式。請等到結束後，再確定你是否達到了來找我的目的。」他們通常會不情願地跟隨你的引導，不過一旦他們看到你是多麼出色的占卜者後，就會

漸漸放鬆下來。

> **給占卜者的小提示**
>
> 不要讓問卜者指示你如何進行塔羅占卜。請列出你的期望和界限，讓對方選擇是否要繼續前進。不要改變你的占卜方式以滿足他們的期望，請堅定你的占卜流程。

☾ 想玩「逮到了！」遊戲的問卜者

有些問卜者之所以測試我們是因為他們對塔羅牌的運作方式有自己的想法，但另一些問卜者測試你是因為他們試圖玩「抓住你的馬腳了！」遊戲，他們的目標是發現你是假的。他們經常透過摘下結婚戒指、撒謊或故意提出含糊或誤導性的問題來讓你出現偏差。我曾在一次公開活動中為一位問卜者占卜，他的問題是：「我的愛情生活如何？」這是一個含糊的問題，但我有時間限制，只能和每個人相處幾分鐘，我沒有時間提出更清晰的問題，所以我就這麼進行了。

占卜的內容顯示他已婚，但從他提問的措詞來看，我猜他是單身。我感覺自己正在與占卜內容拉扯。在我告訴他我所看到的情況之後，他說：「哦，這很有趣，因為我結婚了。」

我（可能會很生氣地）回答：「為什麼不先告訴我？」一旦他說自己已婚，整個占卜結果就清晰了起來，隨後我給了他更新後的解讀內容。

我不喜歡有人為了考驗我而戲弄我；在大多數情況下，這些測試實際上意味著：「我認為塔羅師是騙子，除非你向我證明事實不是如此。」天啊，這根本不是我想要的工作方式！

如果你感覺到有人試圖玩「逮到了！」遊戲，不要跟隨他們起舞。要求他們針對模糊的地方提供具體的訊息。如果塔羅牌告訴你的內容比問卜者所說的更多，請直接說出來。如果他們的表現實在很惡劣，那就結束這次占卜吧。

給占卜者的小提示

針對那些故意含糊其詞的人，有一個需要注意的地方。有時，問卜者會害怕告訴你某些事情，他們可能會提到某件事而不願透露另一件事。如果是這種情況，就像處理其他事情一樣，溝通和同意是進行的關鍵。你可以告訴他們：「除了你提到的事情以外，我還從塔羅牌看到發生了其他事情。你願意讓我說說看嗎？」從這裡開始，他們可以選擇自己希望解讀如何進行。

☾ 貨比三家的問卜者

有些問卜者會找很多位塔羅師，他們會帶著同樣的問題拜訪一位又一位塔羅師。為這類問卜者占卜可能會有挑戰性，因為他們經常將你與其他塔羅師進行比較。

過程中，他們可能會試圖討好你：「哇，你比其他塔羅師好多了」；或他們可能會為了測試你而說：「那位塔羅師太棒了，她說的所有事都是 100% 準確，但她已經搬離這區了。」他們也可能在耗盡上一位塔羅師的精力後找你繼續占卜：「我只是覺得那位塔羅師並沒有告訴我真相。」這些都是操縱，別放在心上。

如果他們提到其他塔羅師或占卜內容，並試圖將你與他人進行比較，請不要對此發表評論。事實上，請告訴他們你不想知道。如果問卜者似乎一心想要責怪你，只因為你的占卜並沒有證實上一位塔羅師所說的內容，請不要與他們爭論。你沒有在現場，你沒有看到牌卡，你不知道實際上說了什麼。

這類問卜者通常很難取悅，這也是為什麼他們不斷尋找完美塔羅師或占卜內容的原因，但完美塔羅師並不存在。盡你所能，但不要試圖「修正」其他塔羅師為此人所做的事。你也不必達到問卜者心中所崇拜的水準。盡力而為，遠離爭論——也許下一週，這位問卜者又去找另一位占卜者了。

Chapter 14 當占卜不順時該怎麼辦？

☾ 在會談中滔滔不絕的問卜者

人們喜歡說話的原因大不相同。有些人可能是因為孤獨，有些人只是不知道如何停下來。有些人可能更需要心理治療師而不是塔羅師，但不管原因為何，他就是來找你了。有些人喜歡在你的每句話之間插入他們的觀點或聲明。無論背後原因為何，你都需要小心地處理這些人，因為占卜者（在被打斷多次之後）放棄並讓問卜者說話的情況並不罕見。你猜怎麼樣？那位問卜者可能會跟別人說：「好吧，我不知道她是不是一位好的塔羅師，因為她幾乎沒有在為我占卜！」這多麼不公平，對吧？

你能做的就是點出這種行為並給予指導。試著友善地進行。你可以這樣說：「看來你今天需要有人聽你說話……這就是你希望我扮演的角色嗎？」如果情況持續下去，你可以更加堅定地說（加油，直接一點沒關係）：「我需要你停止說話，這樣我才能給你一個你所希望的占卜。」如果你讓問卜者不停說話（而他們沒有得到占卜），問卜者會比你堅定有禮地告訴他們停止說話更生氣。

接下來是指引。「在我講完之前，請不要發表評論或提出問題，然後我們就可以討論牌卡揭露的內容。」你甚至可以按照這些指引開始你的會談，解釋他們的評論會影響你的直

覺流暢度。通常，一旦他們瞭解期望為何，事情就會變得更容易。

☽ 當占卜內容無法連結時

有時我們在進行占卜時，牌卡突然間好像在用另一種語言對我們說話。你可能會想盡辦法從占卜中取得零星資訊，而你的問卜者卻坐在那裡看著你，好像你失去理智一樣。如果你繼續下去，情況往往只會變得更糟。當你發現這種狀況正在發生，請結束會談。不要強迫進行解牌。回想一下第三章提到的：強制推行會引發焦慮，這與進行良好占卜所需要的開放和接受心態背道而馳。

雖然問卜者無疑會感到失望，但最好改天再嘗試。占卜沒有連結可能代表你們兩個不合拍，或他們本身是個很難為之占卜的人。或者，也許剛好行星沒有排成一條線——誰知道呢？如果你與問卜者結束會談，你可以提議改天為他們占卜，或看看是否有其他你認識的人可以為他們占卜。會談結束後，請為自己占卜一下，瞭解自己與這位問卜者之間發生了什麼事。塔羅牌不僅能對他人使用，還可以為自己使用！

Chapter 14 當占卜不順時該怎麼辦？

☾ 深愛靈魂伴侶的問卜者，但占卜卻有其他說法

愛情占卜值得專門寫一本書來談論，不過這個現象如此普遍，有必要在這邊提及。許多問卜者希望占卜有關他們愛情對象的內容，但當他們使用「靈魂伴侶」這個詞時，對身為塔羅師的我來說是一個危險信號。大多數時候，問卜者使用這個詞來表示與他人之間特別強烈的連結，但通常他們正在經歷的可能是「創傷束縛」（trauma bond）。

創傷束縛的特徵之一是帶有爆炸性、強烈的初始能量，在初始階段之後就變得不穩定。伴侶只是間歇性地回應問卜者的需求，並主導他們之間聯繫的時間、方式和頻率。你的問卜者無法信任他們的伴侶，但由於連結的強度，問卜者很難離開。因為這種非常不一致的特性，導致這類關係常常會讓人上癮。

創傷束縛會給問卜者帶來極大的焦慮和不安全感，他們在這種狀態下尋求占卜，通常是為了保證靈魂伴侶會開始變得更好，他們的生活可以重新開始。然而，占卜內容無疑會提供截然不同的訊息。請小心進行，因為根據你的問卜者在過程中所處的位置，他們要麼將這則訊息視為一桶令人清醒的冷水，要麼就是將其視為對他們夢想的攻擊。

如果你感覺問卜者可能處於創傷關係中，你可以問他們

類似這樣的問題：「如果占卜有可能告訴你這段關係沒有未來，你願意繼續進行嗎？」如果他們以情緒化的語氣回答你，或者甚至明顯地顫抖，代表他們可能還沒準備好。建議另找一天再為他們占卜。

如果問卜者決定繼續進行，請繼續清晰而誠實地溝通。解讀你所見，但不要承擔他們的情緒。他們可能會感到寬慰、害怕、憤怒或悲傷——大多數時候，這些情緒會很強烈。告訴他們不能擁有「靈魂伴侶」的占卜就像告訴癮君子他們不能擁有自己選擇的藥物一樣，他們可能會對你或占卜內容做出非理性的反應。如果他們變得不尊重甚至挑釁，就結束會談。

在所有案例中，我都會建議問卜者尋求心理治療；創傷束縛是由一系列複雜因素造成，其中可能包括複雜性創傷後壓力症候群（C-PTSD）、依附問題和家庭虐待。這些問卜者通常需要大量的支持來幫助他們擺脫「靈魂伴侶」的束縛。

☾ 問卜者說占卜是錯的（但你覺得是正確的）

當你的塔羅牌上布滿著清晰可見的訊息，但你的問卜者卻搖搖頭、告訴你所說的一切都是錯誤時，這確實是一個很大的挑戰。如果我們沒有做好準備，這種情況確實會讓我們感到困惑。

Chapter 14 當占卜不順時該怎麼辦？

- 「怎麼可能是女人在工作上製造麻煩呢？我只和男性一起工作，我們相處得很好！」
- 「你說裁員迫在眉睫是什麼意思？！一切都很好啊！」
- 「我妹是我最好的朋友；她絕不會說出我的祕密。」
- 「我先生永遠不會發現。不可能。」

問卜者往往有所謂的「合理半徑」，意味著他們對占卜內容有潛意識的猜測。如果內容超出了他們認為的合理範圍，他們就會拒絕這些資訊。儘管這樣的拒絕通常表明訊息超出了問卜者的「合理半徑」，但這並不代表訊息是錯的。

人們常常在驚訝時表達拒絕。這樣想吧，如果有人被告知他們的狗被車撞，他們會否認並回應：「不可能。我把牠留在家裡！」人們也會拒絕像中樂透這樣的好消息：「不可能！我嗎？你確定？再核對一下號碼！」訊息被認為是好或壞並不重要，如果一個人認為訊息不可信，就會產生抵制和拒絕。

當問卜者抗拒訊息時，我建議保持對訊息的忠誠。如果你的理解是正確的，那麼無論他們反應如何，你都必須堅持你的「占卜立場」。「我知道這聽起來很令人驚訝，你能把它當作一個資訊記起來嗎？如果它是錯的，那就是錯的，但我們可能還不知道結果。」

身為塔羅師，其中令人沮喪的事情之一是：我們經常首當

其衝地接受某人直接的負面反應，而你可能要過很多年才會知道占卜確實是對的。不要讓這些互動帶來困擾；你不是在寫訊息，你只是在傳遞訊息。

☾ 問卜者抱怨你說的都是他們知道的事

對於占卜者來說，確認已知的事實往往比占卜五年後可能或可能不會發生的事情更具挑戰性。一位塔羅師告訴問卜者她與老闆間的問題或是她兒子最近在學校遇到的麻煩，這些都是問卜者可以立即驗證的事情，也是一位優秀占卜者的象徵！

占卜關於日常生活的內容可能不像前世、十年後的未來或跨世代詛咒的資訊那樣令人興奮或驚嘆，問卜者無法立即驗證後者這些占卜是否正確。那麼，為什麼有些問卜者會忽略前者而選擇相信後者呢？因為問卜者與占卜者的風格不相稱。

當問卜者說「你沒有告訴我任何我不知道的事情」時，這通常代表他對占卜的期望是跟隨某種特定風格的塔羅師，更傾向直接預測或是神祕主題，而非專注於當下的事件。問卜者希望你告訴她：五年後她會中樂透、她的女兒將為她生下三個漂亮的孫子。她想一探究竟，想知道她的前世、或她最喜歡的阿姨從另一個世界來拜訪。她希望在占卜的一個小時內沉浸在神祕的、特別的、不同尋常的事物中，她最不想談論的就是過去

Chapter 14 當占卜不順時該怎麼辦？

的生活，哪來的理由要這麼做？

事實上，她的期望沒有錯。但如果你對她說：「讓我們看看你生活中現在發生了什麼，看看我們如何應對它」或「讓我們解開那個創傷情勢」，她不會感興趣，而這也沒關係。

問題出在大多數人認為所有塔羅師都是一樣，使用塔羅牌的方式也都一樣。因此，要麼問卜者一開始就沒有聽你的介紹（解釋你的方法）；要麼你沒有告訴她，使她誤以為你跟其他塔羅師一樣。所以當你提供她一些不同的東西時，她會很失望。

另一個可能的問題是，身為塔羅師的你沒有聽進她的想法、考量自己是否能為她提供她想要的東西。如果你一味地認為自己提供的內容更好，那麼你就會讓自己的正義感妨礙兩個關鍵元素：溝通和同意。解決方案很簡單：在占卜開始時向她講述你的方式；提出問題以便瞭解她的期望；如果你無法實現，請在她同意的情況下提供替代方案或讓她選擇不繼續。

☾ 對占卜方向感到失望的問卜者

這是我在新手塔羅師身上看到的一個挑戰，可能跟經驗不足有關。有一些剛開始解牌的塔羅師忘記了占卜通常是在回答問題，當他們查看牌卡時，看到了另一個更容易解讀的內

容,可能會就此即興發揮。但在大多數情況下,牌卡正在回答問題。如果我們發現自己掉進了兔子洞,就必須自我審視:我這麼說是因為牌卡回答了問題,還是因為這樣比較容易解讀?

如果我們以問卜者為主導原則進行交流、提出問題和進行會談,那麼問卜者很少會覺得方向好像與他們所期盼的不符。不過,有時我們確實會經歷「塔羅優先」的效應,塔羅牌對於它想要談論的內容有其他想法,但我們仍應徵求同意再繼續進行。

☾ 當占卜無法做出預測

有時候占卜就是無法得出預測的結果。即使你試圖從另一個角度回答問題,也會感受到一種「稍後再問」的氛圍。儘管這種狀況令人沮喪,但它確實會發生,而且通常有其原因。有時,原因在於預測的兩種方向都非常有可能,以至於還無法得出明確的占卜結果。變化的因素太多,無論哪個方向,預測的可信度都很低。我經常在這樣的情況下碰到這種現象:問卜者面試某個職位,而決策者在問卜者和另一位候選人間搖擺不定。再次強調,我們必須忠於所傳達的訊息。儘管我們的問卜者聽到這個消息可能會感到痛苦,但我們就是無法確定預測——沒辦法就是沒辦法。

Chapter 14　當占卜不順時該怎麼辦？

給占卜者的小提示

建議過幾天後再進行占卜，然後再試一次。有時候，變化中的事物已經發生了足以改變預測的轉變。

☾ 問卜者反覆詢問同一個問題

針對同一件事反覆占卜，通常是為了緩解焦慮（這是完全正常的）。當我在找房子時，我問了塔羅牌非常多次相同的問題，我發誓我以為牌卡要拋棄我了。當預測耗費的時間比我們想像的還長時，我們就會開始擔心；當我們擔心時，就會尋求安慰。

然而，除非可能影響結果的重大事情發生變化，或是有新的變數在發揮作用，否則我會盡量避免在距離上次占卜太接近的時間重複問同樣的問題。我想觀察這個預測將如何如我們所見的那樣展開。我們要麼相信我們的預測，要麼不相信。如果我們不相信，那一開始為什麼還要問呢？

請告訴你的問卜者，太早對於同一個問題再次占卜可能會帶來反效果。不要重複占卜同一個問題，而是問你的問卜者是否還有其他問題，可以由你們兩個一起探討來減輕擔憂。也許

她需要確認自己做出了正確的決定,或者檢討為什麼事情進展的時間比第一次占卜所指示的時間還要久。

> **給占卜者的小提示**
>
> 儘管會談應該以問卜者為中心,但這並不代表你需要回答他們的所有問題。如果你覺得重複提出相同問題的行為是出於不健康的心態,或者你的挫折感妨礙了你,那就拒絕進行占卜。你不必因為他們的期望而配合照做!

☾ 問卜者將對占卜內容的憤怒轉向你

人們通常會把對制度或權力的憤怒轉移到第一線人員身上。他們也可能會將對某人的感受(例如占卜中提及對前任的憤怒)轉移到你身上,有時甚至可能會質疑你的占卜並試圖與你爭論。

如果問卜者變得挑釁且無禮,請立即結束會談。沒有人有時間應付這種胡鬧。如果問卜者不是真的無禮,但他們的憤怒干擾到你的占卜能力,請點出這種行為:「嘿,別對信使開槍!」或「歡迎你隨心所欲地對塔羅牌發脾氣,塔羅牌可以承受;但我不能。」

有時為了保護自己的界限,你可能不得不採取對抗措施。如果你需要立即停止會談,可以將你的牌面朝下,並將雙手交叉放在腿上,平靜地說:「當下的能量讓我無法占卜。看來我不是適合你的塔羅師,所以今天就到此為止吧。」當你和平地重申界限時,大多數人都會感到震驚。無論問卜者反應如何,請保持冷靜,並在站起來走向門口時繼續重複自己的話。如果這是線上占卜,請結束通話。

☾ 期待占卜能涵蓋所有問題的問卜者

不要急於在一次占卜中試圖滿足問卜者所有想要知道的內容,即使這意味著占卜時段結束時可能仍會有一些未解答的問題。如果你們事先約好時間,時間到了你必須離開,那麼你就必須結束!這並不代表問卜者可以在最後五分鐘匆忙提出最後兩個問題。

占卜的時長就是你同意為他們占卜的時長;它無法保證你可以在這個時間範圍內完成哪些內容。占卜往往會按照需要的方式展開,而不是按照問卜者想要的方式。身為塔羅師,請盡力而為,但不要讓任何人欺負你、降低你的解牌品質,只因為他們希望在時間結束之前得到一切。生活中的大多數情況,包括占卜在內,「質」總是比「量」更重要。

☾ 問卜者逼迫你給予更多時間

有些問卜者無論如何都會向你施壓，要求你延長占卜時間。他們總是會有更多問題：「那你能再回答一個嗎？」不只是針對你——這些類型的人總是試圖得到更多，例如在店裡要求一大匙的冰淇淋、要求收銀員在五張優惠券上再加一張、期望髮型師免費幫自己加一層護髮。這些人為所欲為，也知道逼迫他人往往能得到他們想要的東西。

我再說一遍，不要迎合逼迫行為。請相信我：咄咄逼人的人並不是為了測試你是否是一個好人；他們正在測試你，看看自己能逃過什麼。縱容他們並不代表他們認為你很好，而是代表他們視你為一個容易對付的目標，一旦他們發現你很容易對付，就會開始用其他方式測試你的底線。你說：「好吧，再五分鐘」，然後你就會發現他們會在凌晨三點打爆你的手機，要求你再占卜一次。

你可能會想：「珍娜，多回答一個問題到底有什麼壞處呢？」但事情是這樣的：一切可持續的事物都有其界限。你必須在規定的時間從日託中心接孩子、她的舞蹈課剛好四十分鐘、你在午夜去睡覺——每件事都有開始、中間和結束，占卜也不例外。它不應該一直持續下去，直到問卜者想要結束它才終止。

Chapter 14　當占卜不順時該怎麼辦？

> **給占卜者的小提示**
>
> 你的界限會保護你。擁有界限並不代表你是個壞人或一位糟糕的占卜者。擁有界限也並不意味著你不夠靈性。

☾ 問卜者回頭說占卜是錯誤的

占卜可能會出錯，我們也可能會出錯。預測出錯的原因有很多。身為占卜者，當問卜者告訴我們預測是錯誤的時候，我們應該保持好奇心（而不是迴避）；有時，占卜可能是正確的，但問卜者理解不同或記憶錯誤；有很多因素造成。

如果問卜者對此持開放態度，我會再占卜一次，詢問發生了什麼事，這通常會給我所需的訊息。我也會回顧自己的筆記，看看是否在占卜中遺漏了什麼。此外，我還會在占卜的一開始就透過明確宣告「預測只是預測，不是保證」來管理問卜者的期望。

我們會因為預測不準而解僱所有氣象學家嗎？我們會因為在股市崩盤前購買了錯誤的指數基金，而將所有投資帳戶基金經理推入大海嗎？如果答案是否定的，那麼為什麼要因為塔羅牌有時會出錯就放棄使用牌卡作為預測工具呢？

☾ 問卜者質疑為什麼塔羅牌前後矛盾

這是一個近乎真實的案例。「去年我們占卜時，塔羅牌說我應該接受這份工作。當時我不確定自己是否願意接受，但我也需要一份工作。然而，我還是不開心，而現在占卜內容表明我應該離開。為什麼占卜會告訴我接受這份工作然後又離開它？這不是自相矛盾的建議嗎？」

這個問題很簡單，但答案很複雜。回顧第五章內容，我們提過塔羅牌是一台機率運算機器，它會考慮所有可能的結果，並只選擇一個來分享，所分享的那個結果是牌卡根據當時的情況、認為在當下對問卜者而言是最有利的可能。因此，僅僅因為後來的建議不同就認為當初的建議是錯誤或是浪費的，這些都是錯誤的觀念。

不要因為問卜者質疑你而驚慌失措，你所能做的就是分析這個情境並進行假設性占卜。例如，我們可以占卜看看「如果問卜者當時沒有接受這份工作，會發生什麼事？」還記得第五章提到「過去可能發生」的概念嗎？它們可以在這裡派上用場。我們也可以問這樣的問題：「當時接受這份工作，是否能讓我在未來得到更好的機會，而這是其他選擇無法帶來的？」

我們可以幫助問卜者將預測視為對近期路徑的建議，而

不是將它理解為無法撼動的正確答案。這種對塔羅牌（和未來）更靈活的理解，有助於培養更高的靈活度和韌性，它為不斷擴展的宇宙和意想不到的人生創造更多空間。

☾ 需要被辭退的問卜者

如何辭退問卜者？這可能很棘手，因為如果他們是朋友或家人，可能會導致關係出現裂痕。一般的情況下，我會嘗試用隱晦的方法：我會突然沒空，回覆請求的時間拖得很長，或者告訴他們我要暫停占卜。

如果隱晦的方式沒有用，那麼下一步就是採取直接的方法。直接拒絕很難，因為人們不會善意地接受拒絕，可能會有強烈的反彈。但問問自己，這種反彈是否比為他們占卜帶給你的感覺更好或更糟。直接的方法就像撕掉繃帶，向對方明確表示你無法再為他們占卜，你不欠他們任何解釋，此後，拒絕對此進行任何進一步的討論。通常都是針對一些特殊的人才會走到這一步，這個人可能已經多次侵犯你的界限。你應該清楚，這個人無法看到自己需求外的東西，任何理由都會被用作反對你的子彈，這是不值得的。

我知道要將某人從你的圈子中驅逐出去是困難的。每次我必須這樣做時，我都會覺得壓力很大。在某些情況下，我花

了很長時間才扣下扳機，然後就這麼做了。但我也可以告訴你，讓那些只「取」不「給」的人們離開我的生活，從長遠來看，反而會讓我的生活變得更好。

你不欠任何人占卜，但你確實欠自己一次，確保人們以正確的方式接近你。堅強地站起來，把有害的人踢出去。

☾ 過度仰賴問卜者的回饋作為成功指標

身為一名占卜者，你不能總是僅根據問卜者的回饋來衡量你占卜的效果。由於占卜本身的交易性質及涉及的情感因素，使得問卜者可能不是決定你占卜是否成功的最佳人選，他們只能從自己的角度提供回饋。例如，如果你給他們的占卜內容包含他們不喜歡的訊息，他們可能會認為這次占卜很糟糕，而實際上你的占卜內容是相當不錯的。僅僅依靠問卜者的回饋來判斷自己是否是一個好的塔羅師是錯誤的，你需要靠其他方法來瞭解自己的表現，例如記錄你的占卜內容來確定哪些方面做得好、哪些方面需要改進；或者創造一個塔羅師交友圈，其他塔羅師可以以占卜者、問卜者和觀察者的角色互相提供回饋。透過這種方式，你將受益匪淺。

活動

―⟩⟩ 克服焦慮和增強韌性的強大塔羅技巧 ⟨⟨―

最好的占卜來自於專注在問卜者和占卜內容本身，但是當占卜結果不佳時，它可能會從根本上動搖我們的信心。未解決的不安全感不利於占卜，我們的焦慮開始出現，想要占據舞台中心，讓我們不再將占卜集中在問卜者和訊息身上。找到處理這些引發不安全感的方法，不僅可以療癒內心的傷口，還能讓我們成為更好的占卜者。困難的占卜經驗是讓我們成為更好占卜者的機會。掌握正確的工具，我們就能成為有信心、良好界限和韌性的塔羅師。

這是一個可以幫助你培養強大毅力的工具。在這項活動中，你需要你的塔羅牌、書寫工具和幾張紙。我認為最好用真正的紙和筆來進行這項活動。

第一部：恐懼

將牌卡正面朝上，選擇一張代表你某次占卜失敗的圖像。（如果你尚未經歷這種情況，則選擇一張當你考慮開始為別人

占卜時，最能代表你內心恐懼的圖像。）從牌堆中抽出那張牌，並將它立起來，以便你可以輕鬆地看著它。我們將它稱之為恐懼牌。

將恐懼牌想像成一個能說話的符號或原型。例如你選擇寶劍五作為恐懼牌，可以想像這張牌是一個惡霸，嘲笑你或拿走你重要的東西。

接下來，拿一張紙，在中間畫一條線。詢問恐懼牌對於你心中糟糕情況的想法，當它與你交談時，寫下它所說的一切，不要過濾或回應。把所有的內容都寫下來，但只寫在紙的左側，讓右側保持乾淨。

繼續剛才的範例，假設你的寶劍五恐懼牌說：「你永遠不能強大到足以捍衛自己。」就將這句話寫下來。完成後，請閱讀所有內容，好好觀察那裡寫下了什麼。當你看到這些可怕的話語後，請感受你需要感受的情緒。如果情緒太激烈，請休息一下，然後再回頭繼續，或選擇另一張不同的恐懼牌繼續練習。

第二部：守護者

請將恐懼牌從牌組中拿出來，不要放回牌組中，接下來進行下一步。將其餘牌卡像平常一樣翻面朝下並洗牌。當你洗牌

時，詢問：「現在誰是我的守護者？」選擇一張牌。如果你得到另一張困難的牌（例如死神或寶劍十），那也完全沒關係。即使是困難的牌也可以成為你的守護者。

接下來，將你抽到的守護者牌卡想像成一個能說話的符號或原型。例如你抽到了寶劍皇后，你可以想像這張牌是一位擁有強大智慧的女性，為你說話，站在你面前並保護你。

接下來，拿出寫有恐懼牌內容的紙條。請你的守護者對恐懼牌中的訊息做出回應，將這些回應寫在右側欄中。如果寶劍五在紙的左側寫著「你永遠不能強大到足以捍衛自己」，那麼寶劍皇后可能會在右側做出這樣的回應：「她在內心擁有足以對抗像你這樣惡霸的一切。她很堅強。她很聰明。她是合理的。」

完成後，請閱讀守護者的話，感受你的守護者所帶來的善意和同情。根據守護者所表達的真相，你會發現恐懼牌上大部分的話是多麼愚蠢或不合邏輯。讓自己感受到被支持和被愛的感覺。

第三部：施展堅毅的魔法

從你的守護者所傳達的句子中，選出三個感覺特別有意義和相關的句子。選定後，請將它們重新寫成以「我」為開頭的

陳述，如同事實般的敘述。例如你的守護者說：「她非常善良且富同情心」，請將句子重寫成以「我」為開頭的陳述：「我是一個善良而富同情心的塔羅師。」

將守護者的陳述轉變為以「我」為出發點的陳述，有助於覆寫認知，從「恐懼」陳述轉變為「力量」陳述。基本上，你正在強化內心那些相信自己、渴望最好的、看到自己天賦的部分。神奇的是，當你每次說出這些話時，你都在體現這個真理。在你開始感到不安時，可以使用這個迷你咒語，你也可以在為別人占卜前對自己說這句話，作為一種個人能量的整頓動作。

為別人占卜肯定會帶給你一些進展不順的經驗，即使你占卜了二十年，不好的占卜體驗仍會發生，那也沒關係——你也是凡人！當事情發生時，你將能憑藉自己的毅力更快地應對挑戰，而不會就此停下腳步。

額外的問題

你可以使用以下問題作為提示，撰寫一至兩段關於你的守護者的訊息：

✦ 為什麼你認為會出現這位特定的守護者？

✦ 這位守護者向你傳達的訊息或真相是什麼？

Chapter 14 當占卜不順時該怎麼辦？

◆ 這是一張你平常會視為守護者的牌嗎？為什麼是或不是？
◆ 這位守護者是否代表你生命中曾保護或提拔過你的人？守護者是否反映了你的某一個面向？

Chapter 15

自我照顧指南：
給不擅長自我照護者

一開始，為他人占卜是一件令人興奮的事情，會產生一種「占卜者快感」，坦白說這是種有點讓人上癮的衝動。不過，這種歡愉感從何而來呢？我認為它來自於靈性；身為占卜者，我們與宇宙的導線相連。為了幫助我們完成工作，我們會獲得力量的提升，伴隨著傳遞的訊息。隨著能量提升，塔羅師連續八小時進行占卜、忘記吃飯或休息的情況並不少見。直到工作結束後，他們才發現自己的背很痛、喉嚨很乾，要串連兩個句子幾乎都有困難。許多人常常在第二天徹底崩潰，無法從沙發上起身，同時想知道「為什麼我這麼累？」他們驚訝地發

給占卜者的小提示

占卜的持久力很重要；透過練習和健康的習慣，你的占卜能力將會不斷成長，而不會使你精疲力盡。

現塔羅占卜竟然會消耗這麼多能量。

讓占卜者感到疲勞的原因很多，占卜過程中會發生很多事情，不只是「解讀牌卡」這麼簡單而已。以下是你在與某人進行占卜時所做的事情：

- ✦ 收集超感知感應（如果你有這種能力）。
- ✦ 引導和穩定問卜者的情緒（尤其是善於感知他人情緒的人）。
- ✦ 解讀牌卡並將它與超感知及問卜者聯繫在一起。
- ✦ 傾聽問卜者，深入瞭解他們的需求。
- ✦ 排除環境噪音和干擾。
- ✦ 觀察肢體語言，以便瞭解需要釐清的地方。
- ✦ 提出問題確保你們頻率一致。
- ✦ 以敏銳且獨特的方式對問卜者闡述你的占卜內容。
- ✦ 保護自己的能量，與對方的能量互動，並引導宇宙能量流向占卜。
- ✦ 與隨機出現的靈體聊天（如果你傾向靈媒的做法）。
- ✦ 以協調的節奏完成上述內容，以便他們可以在你們約定的時間範圍內得到他們需要的東西。

哇！很多事，對吧？難怪這是一項繁重的工作！你就像是一位薩滿、符號學家、靈媒、共感者、老師、顧問、組織

Chapter 15 自我照顧指南：給不擅長自我照護者

者、會議主持人和管理者，所有角色集於一身。如果你是一台電腦，看起來就像同時開啟了二十個分頁！但與電腦不同的是，我們無法在頭腦中添加另一張記憶卡（至少目前還不能），因此我們必須妥善保管我們所擁有的記憶卡，好讓它可以持久運作。

給占卜者的小提示

有些人（好啦，就是我）覺得很難進行自我照護。我們之中有許多人不知為何會這麼認定：忽視自己的需求並堅持不懈的工作才是正確的。有些人內心深處認定：自我照護是自私和自我放縱的。然而，事實並非如此。事實上，自我照護是一項困難的工作，即使它看起來很容易。照顧好自己可以提高我們幫助他人的能力。自我照護不只是一項建議而已，而且是必須的。

☾ 那些讓你疲憊不堪的事

✺ 重複性運動傷害

我知道這聽起來令人訝異，但塔羅占卜實際上是一項相當耗體力的工作。剛開始占卜時，我患有網球肘（肱骨外上髁

炎），花了很長時間才弄清楚原因，因為我並不打網球。後來才發現，這是因為反覆洗牌造成的重複性運動傷害。

☀ 外觀與舒適度

　　許多塔羅師夢想著擁有一個很酷的占卜角落；也許是維多利亞風格，配有壓摺天鵝絨沙發和燭光照明的可愛書桌。然而，長時間處於這樣的環境中，你的身體就會開始抱怨。你的背部會因為蜷縮在小桌子上而開始疼痛，在光線不足的情況下占卜造成的眼睛壓力和疲勞會導致頭痛。我慘痛地學到，外表好看的東西不一定就是最適合的。正如我奶奶常說的：「為腳選鞋，而不是為腦袋選鞋。」

☀ 處理冒名頂替症候群

　　塔羅師面臨的最大持續挑戰之一就是冒名頂替症候群（imposter syndrome）。即使是執業多年的塔羅師也會突然陷入這樣的思維：「為什麼人們會向我尋求建議？我真的知道自己在做什麼嗎？也許我只是在假裝。我自己的生活一團糟，有什麼資格去幫助別人？」每個人在生命中的不同時期都會有這些想法，這是完全正常的。像這樣的想法並不代表你是個冒名頂替者——事實上，它們反而表明了你不是一個冒牌貨。

Chapter 15 自我照顧指南：給不擅長自我照護者

☀ 不好的占卜經驗與不好的問卜者

在你的塔羅之旅中，可能會在某個時刻遇上不好的占卜經驗，即使你所做的一切都正確，偶爾也會發生一些動搖你信心的狀況，甚至讓你懷疑是否應該繼續為別人占卜。這也是正常的，大多數占卜者都會遇到這種情況。如何處理不良的占卜情況是一個關鍵因素，我們可以選擇放棄，也可以利用這些時刻來增強我們的韌性。你不需要對塔羅牌或自己的占卜抱持不可動搖的信仰，但是你絕對需要對自己抱持堅定不疑的信心。

☀ 無聊感

為人們占卜意味著一遍又一遍地回答相同的問題。「他對我感覺怎樣？」這個問題也許讓你發現自己又打了一個哈欠。不要忽視你的厭倦感，感覺無聊是在精疲力盡之前出現的「檢查引擎警示燈」。如果你發現自己用敷衍或相同的方式訴說相同的事情，並使用相同的句子和諺語，那就要注意了，因為你可能正進入危險地帶。

☀ 同情疲勞

從事助人行業的人最容易出現同情疲勞（Compassion Fatigue）。如果你發現自己已經在等待占卜結束，那麼你可能

出現同情疲勞。如果你不再好奇、感到麻木，或即使你知道自己應該關心但難以真正地投入，或是暗自翻白眼、變得挑剔甚至冷酷無情，這些都是同情疲勞的跡象。原本你只是感到無聊的「檢查引擎警示燈」，現在已經變成了從引擎蓋下冒出的煙霧，請立即把腳從油門上移開，並趕快停車。

☀ 倦怠

忽視自我照顧的下一站就是倦怠（burnout）。從引擎蓋下冒出的煙霧讓你在路邊拋錨，處於窮鄉僻壤，沒有手機訊號。身為塔羅師，倦怠意味著你已經筋疲力盡，無法再給予他人任何幫助了。你不想再為任何人占卜，這種情緒也許會持續到永遠。倦怠會導致與壓力相關的生理問題，也會影響你的人際關係。你可能會情緒不穩，依賴食物、酒精或藥物來應對；你可能會感到無法控制自己的人生。生命的火花已經熄滅。

倦怠的潛在危險在於它抗拒解決問題，有一部分的模式是讓你變得憤世嫉俗。一旦出現憤世嫉俗，就更難施加干預措施，因為你可能會抵制這些措施。這就是我強調每週進行情緒檢查的原因，並在問題發展到這個程度之前照顧好自己。你不會希望自己身處這種境地。

Chapter 15 自我照顧指南：給不擅長自我照護者

☪ 重新為你的心思、身體和靈魂充電

現在我已經充分警告你，如果不照顧好自己可能會出現什麼情形。以下我列出了一些對你會有極大助益的建議，你也可以提出自己的解決方案。總歸來說，自我照護的本質是一種實踐，只思考你可以做的事情卻不去行動是沒有用的。你必須騰出時間、創造空間，並優先考慮自己。

☀ 人體工學

人體工學是你的好朋友。你需要一張高度合適的桌子，這樣你才能坐直，而不是彎腰駝背地在咖啡桌上洗牌。你需要一張真正可以支撐身體的椅子，以及良好的照明以便看清牌卡。你需要能以一定的音量說話、但又不需要扯著嗓子。如果你身處在無法直接管控的空間（例如在某人家中進行派對占卜或在新時代書店工作時），請為自己爭取權益。告訴人們你需要什麼，傾聽你的身體。

☀ 人體力學

使用正確的姿勢，注意避免重複性運動傷害。不確定正確的姿勢是什麼嗎？請錄下自己占卜的樣子，看看你的身體在做什麼。有意識地糾正你的駝背，並將雙腳放在地板上。順便說

一句，如果你有網球肘，可以查詢 FlexBar，它是一種可以增強前臂肌肉並重新訓練身體協調的工具。

✹ 保持良好的健康習慣（雖然是老生常談）

占卜者往往會忘記在進行占卜時，大部分仰賴的是我們的頭和手。再加上占卜本身的複雜性，以及從占卜中獲得的愉悅感受，使得我們可憐的身體常常被忽視。因此我們需要優先思考良好的身體照護，例如好好吃飯、運動身體、良好睡眠並好好呼吸。現在，你已經聽我說過，健康的生活並不會讓你成為更好的塔羅師或通靈者，這是事實；但是，健康的生活確實會讓占卜變得更加容易，因為它提供你支持其他事務所需的基礎。

✹ 寫日記

日記是你最經濟實惠又不帶偏見的傾聽者，可以幫你把腦子裡的所有事情記下來。即使寫完後把它燒掉，它也已經完成了自己的任務。這本日記的目的不是用來重播會談內容，而是一個幫助你消化占卜內容的地方，這樣你的大腦就不會在凌晨三點用充滿興奮的聲音把你叫醒：「哈囉！還記得你什麼時候完全說錯話嗎？！我們現在就來回顧一下吧！」確保找到一個

Chapter 15 自我照顧指南：給不擅長自我照護者

安全的地方存放日記，或在閱讀後將它燒掉。這本日記只供你一人使用，你的問卜者對你寄予極高的信任，要忠實地保護這份信任。

✺ 讓大自然療癒

再怎麼強調大自然的療癒力量何等強大都不為過，我們很早就知道這一點。大多數的古老聖地都位於大自然中，前往這些聖地朝聖的人們都受到了自然界和靈性修行的療癒。請不要低估在樹林、高山、沙漠或大海中散步的療癒力量，騰出時間來做這件事。當你這麼做時，請把你的手機設定為「勿擾」模式，並找人看顧孩子。

✺ 保持新鮮感

不要讓自己過於習慣某種喜歡的占卜風格或技巧。試著不斷突破塔羅牌練習的界限，學習一種新技巧、一種新的占卜風格，或在一次占卜中提供獨特的小變化。試試看開設一堂課，沒有什麼比看到新手愛上塔羅牌更能激勵人心的了！

✺ 尋找問卜者的獨特之處

你是否曾在害怕或受傷之際，遇到護士、警察、老師或其

他權威人物,而他們的行為卻冷漠且疏遠?我敢打賭這種感覺很糟糕,對嗎?我總是回想起有一次我帶著恐懼和痛苦去急診室,卻發現周圍的人表現得好像我根本不存在一樣;他們已經太習慣了。我永遠不想成為那樣的人。我不想停止看人,我的意思是——真正地看見他們;話雖如此,當我們一再看到同樣的事情時,確實可能會變得有點麻木。

我用來對抗這種冷漠的一種技巧是找到問卜者的獨特之處。他們有什麼特別之處?或許你甚至可以將其納入占卜當中。除了常見的問題之外,你還可以透過占卜來詢問他們獨特的天賦和優勢。找到一種方法來對你每個占卜對象抱持好奇心。請記住,雖然你可能已經聽過問卜者提出的問題一百萬次,但對他們來說,這很可能是第一次。

☀ 塔羅活動

我在本書中加入這些活動的原因之一是為了提供一個小工具包給你,當你感覺不太好時可以使用它。這些活動不是要一次性完成,而是在你需要時隨時可用。你利用塔羅牌慷慨助人,也請記得為自己使用塔羅牌,塔羅牌也能療癒你!

Chapter 15 自我照顧指南：給不擅長自我照護者

> **給占卜者的小提示**
>
> 建立你自己的塔羅資料夾，裡面裝滿了你認為特別有幫助和有意義的牌陣和活動。你甚至可以按照「焦慮」或「無聊」等主題來整理它們。當你遭遇困境時，選擇一個最能幫助你應對挑戰的活動。

鼓勵問卜者主動尋求占卜

與你的問卜者討論主動尋求占卜的重要性。告訴他們不要等到事情發生之後才行動。例如，鼓勵他們在剛開始一段新關係或剛開始新工作時進行占卜。這樣所獲得的資訊會比當問卜者陷入困境並尋求奇蹟時所進行的占卜更能提供幫助。占卜者情緒倦怠的首要原因是處理一個又一個的情緒緊急情況，這很耗費精力。我們可以幫助問卜者將占卜視為一種干預活動，而不是全能的神，這代表我們可以讓塔羅牌發揮它能做到的事情（提供幫助），而不是向塔羅牌要求實現不可能的願望。

尋求心理支持

身為占卜者，你可能會從問卜者那裡聽到一些讓你難以忘

懷的事情。問卜者通常會沉浸在自己的痛苦中，可能沒有意識到他們所說的話對你來說很難接受。外行人不會意識到我們的工作需要多少情緒勞動，這使得你的角色類似於心理治療師或社工。當心理治療師需要支持時，他們所做的就是接受治療。尋求一位心理治療師討論療程，可以幫助你以健康的方式處理你所聽到的內容。

☀ 社交連結

我和幾個朋友保持一段美好的友誼，我們談論除了塔羅牌以外的所有事情。他們從不要求我進行占卜，甚至不過問我身為塔羅師的感受。相反地，我們一起唱卡拉 OK、聽愚蠢的笑話、玩桌遊。對他們來說，我是「珍娜」而不是「塔羅師珍娜」。像這樣的朋友對我來說宛若黃金般珍貴。

由於我在占卜中會做許多情緒勞動，因此我需要那些不會要求我扮演這個角色的人和地方。這很難，因為我有天生的助人傾向，大多數占卜者也是如此；我們天生就是療癒者。而那些只對桌遊之夜要帶什麼東西感興趣的朋友，對我們來說是一份贈禮。請找到這些朋友並珍惜他們，他們通常不知道自己對你來說有多麼重要。

Chapter 15　自我照顧指南：給不擅長自我照護者

> **給占卜者的小提示**
>
> 　　小心不要將占卜帶來的親密感和脆弱性誤認為是真正的友誼。問卜者確實看起來像朋友——他們關心你並詢問你怎麼樣。占卜看起來像是兩個朋友正在享受彼此的陪伴，但這種關係可能是單向的。

　　身為一名塔羅師，多年來，我遇到不少尋求友誼的問卜者。但我個人更喜歡保持專業距離，所以當這種情況發生時，我會給他們選擇：繼續成為我的問卜者，或成為我的朋友，但你不能兩者兼得。有時我會試著讓問卜者成為朋友，但他們常常無法停止將我視為他們的塔羅師。即使在友誼中，我們之間仍然有一種我扮演助人角色的型態，這會導致友誼的不平衡。經過多次嘗試，我只有一次成功的例外。

☀ 玩得開心

　　大多數時候，占卜可能是一項緊張而嚴肅的工作，因此找到一個純粹好玩的嗜好可以有效預防同情疲勞。我的做法是參加即興表演課程，花一個小時開懷大笑並做出搞笑、愚蠢的表演，這對我來說是一種極好的療癒方法。如果你不喜歡即興表

演,請確保你所做的事情帶有一種遊戲感。我建議找一些純粹只為你帶來快樂的事情,如果這個活動與其他目的相關就不算數。請有意識地尋找以愉快方式「浪費時間」的方法。

☀ 休息一下

也許休息的時間是一星期或一個月,甚至對某些塔羅師來說可能是幾年。決定你需要多少時間休息並沒有對錯之分,每當我感覺自己無法激發好奇心或是同情心日漸衰退時,我就會休息一下。對我來說,最有效的是每十週左右休息一週;有時我也需要休息一個月。當我發現自己開始懷念塔羅牌時,我就知道自己已經準備好回來了;如果我發現自己在幫某人解牌時感到不情願,就知道是時候該離開了。

Chapter 15 自我照顧指南：給不擅長自我照護者

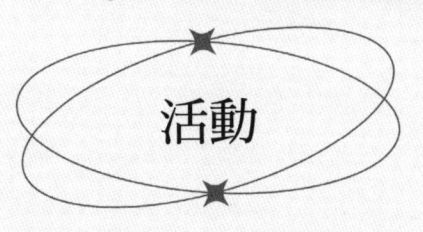

活動

實踐自我照顧

休息一下。你需要它，更重要的是，你值得擁有它。

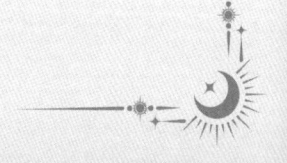

Chapter 16

準備好踏上神祕旅程了嗎？

本章彙集了我為他人占卜時遇到的一系列有趣的經驗。有些內容可能對你有所啟發，有些可能完全不合你的口味。每個塔羅師都有各自的信仰系統，所以請取用你認為合適的部分，剩下的就隨意忽略。

☾ 凡事皆神聖

我逐漸意識到，在占卜期間發生看似隨機發生的事件，可能並不那麼隨機。電話鈴聲響起、救護車呼嘯而過、一輛正在播放歌曲的車子——這種情況發生時，請注意占卜中所提及的內容，這通常是一個需要強化訊息的事件。當這種情況發生時，請提醒問卜者注意這一點。

☾ 他們的耳朵很癢

這是一個很常見的現象：當問卜者在談論某人時，你猜怎

麼樣？那個人就傳了簡訊或正打電話給他。即使對方與問卜者並不是特別親近，我也見過這種情況發生，要麼我們正在談論他們，要麼占卜正以某種形式談論他們。我想可能是因為對方感覺到占卜的焦點在他們身上。一般來說，他們甚至不知道為什麼自己會衝動打這通電話。

此外，我發現如果我想起某人，幾天之內他們就會主動聯繫我來找我占卜。是我感覺到他們嗎？還是他們感覺到我了？誰知道呢！不管如何，這種情況在占卜者與問卜者之間經常發生，值得一提。

☽ 巧合性和同步性

我的問卜者經常在一年後預約了與上次相同的占卜日期，而通常他們都不會發現自己做出這麼巧的選擇！我還曾在同一天為同年同月同日生或同名的問卜者占卜過。有時這週的問卜者都是摩羯座，下一週都是獅子座的情況也很常見。

還有一種常見的現象是某些特定的牌卡會不斷出現，或看似相同的訊息透過一系列提問不斷跳出來。這些運作有時代表宇宙正在試圖向塔羅師發送某種訊息。如果你注意到這些巧合和同步性，請為自己占卜一下，確認宇宙是否在試圖吸引你的注意。

Chapter 16 準備好踏上神祕旅程了嗎？

☪ 塔羅牌的能量

有時候，曾經很靈驗的牌組突然變得完全不對勁，或你可能發現牌組的占卜方式比平時更加黑暗。你也可能會感覺到，在特定情況下或與某些人一起使用這組牌時，它的效果反而變差了。

我有幾套牌是只適合我使用而不適合其他人；有些牌組無法與我的能量配合，因此我不得不放棄它們。到底發生什麼事？確切地說，我不知道。也許我只是在把我的牌擬人化並將某些事物投射到上面；也許是創造者留下的能量印記；也許問卜者正在將自己的焦慮情緒放進牌組中。不管如何，我都會聆聽我的牌；如果它們不適合我，我會嘗試解決，方法可能是暫時擱置、送給其他人、僅在某些情況下使用它們，或清除負能量。

另一個我注意到但無法解釋的現象是，一套占卜效果很好的牌，不一定是最好看的。我眼睛喜歡的牌並不總是適合占卜，而有一些牌外觀雖然不是我的菜，但占卜效果卻很棒！這可能是個令人討厭的副作用：要不斷試錯、發現哪副牌適合自己的成本其實很高！

☽ 有些人比較容易解讀

為什麼有時你能順利占卜一整天,而其他日子卻不行?即使控制所有因素後,為什麼這位問卜者的男友很容易解讀,而另一位問卜者的男友卻讓人感覺像試圖看穿泥巴一樣困難?原因可能與你無關,而是與對方所帶來的能量有關。以下是占卜中最常見的一些現象。

如果某人有心靈能力,為他們占卜就相對容易,就好像他們的訊號響亮而清晰。只要留意我獲得感應的難易度,就可以發現問卜者的心靈天賦。如果你也有類似經驗,那可能就是原因。

我獲取心靈訊息的方式類似於鏈條上的連接處:問卜者是第一個接觸點;然後透過問卜者,我獲取與他們相連的後續連結(人)。例如一位問卜者想要進行關於她成年兒子的占卜,沒問題,針對母親本人與小孩進行占卜都非常容易,這些連結會說話。然而,如果她想讓我占卜她兒子和新女友的事情,這就變得困難了;如果她想知道兒子女友的老闆,那就更難了。我必須將問卜者、兒子、女朋友、老闆連結起來,而我跳的連接越多,感應就越少。這可能是我獲得感知的獨特方式;你的狀況可能有所不同,但如果我的分享對你來說有意義,那就太好了。

Chapter 16　準備好踏上神祕旅程了嗎？

　　問卜者與他們希望解讀的對象之間的距離也會影響占卜的難易度。如果我能輕鬆接收到第三人的訊息，通常代表他與問卜者之間關係密切。如果我必須費勁才能獲得第三個人的訊息，這對我來說代表雙方很有距離。

　　如果有人希望我去占卜他與新戀愛對象之間的關係，而另一人的訊息很清楚，這通常代表雙方都想與彼此建立關係；但如果戀愛對象的訊息很難被找到，而且細節模糊不清，通常代表另一個人對這段關係可能不如問卜者那麼感興趣。

　　懷疑論者和封閉的人則更難解讀。他們身上帶有一種「向我證明這一點」的能量，這股能量是如此具攻擊性和封閉性，感覺像是我被要求戴著拳擊手套雕刻一個陶碗。我討厭這種態度，因為懷疑論者已經有確認偏見（要揭穿我的謊言），並且完全封閉到我無法感知任何東西，只能向他們證實他們一直都是對的。我認為它之所以如此困擾我，是因為塔羅師對自己無法控制的事情擔了不公平的責任，這就像點了一份餐，把整罐鹽倒在上面，然後抱怨晚餐很糟糕一樣。從能量上來說，這就是我的感覺。

☾ 干擾的力量

　　我通常能管理好自己的直覺，因此除非我刻意尋找，否則

我很少會突然收到訊息。但每隔一段時間，我就會被某人或某事干擾，這些似乎不知從何而來的人或事以影像的方式出現在我腦海中。它們有非常真實的存在感，跟我一般得到的印象不同，而且總是帶有某種推動力和個性。這些干擾可以是各式各樣的東西，有些是過世的人，堅持要我告訴問卜者一些事情；有些是天使、動物、指導靈，甚至是我只能用「跨維度」來形容的存在。

雖然這些存在有時會讓人感到詭異，但我從未感到不安全。通常這些存在會有一種想要溝通或鼓勵的意圖，而且常常伴隨著好奇心。無論我得到什麼、無論多麼奇怪，我都會提及這些內容。事實上，我記得有一次我看著一位問卜者，脫口而出：「你旁邊有一隻浣熊！」她微笑著說：「嗯，有道理。浣熊是我最喜歡的動物。」

我努力不要將自己的宇宙論應用在我所感覺到或看到的任何事物上；那不是我該負責的。我也不會試圖去判斷發生了什麼事，而是盡力傳遞訊息，有時這些訊息會以有趣的方式出現。如果你在占卜中遇到這樣的干擾力量，我建議放棄原先的占卜計畫，並允許該存在進行交流（當然要徵得問卜者的同意），它可能有一些非常重要的事情想說。

Chapter 16 準備好踏上神祕旅程了嗎？

☾ 心靈吸血鬼

你是否曾在進行某次占卜後感到精疲力竭？或是與某人會面後感覺頭痛或胃痛？注意身體的不適，因為它們可能是心靈吸血鬼的關鍵跡象。雖然這個術語確實有點誇張，但心靈吸血鬼通常是強烈的共感者。事實上，它們強大到不僅會吸收你的情緒，還會吸收你的能量。這些人在大多數時候不知道自己在做什麼。遇到這種情況，要麼請停止為他們占卜，要麼請努力建立極強大的能量界限。

☾ 心靈發射者

你是否曾在占卜完後感到莫名憤怒？或是曾感受到不知從何而來的幸福感？那麼你可能遇到一位發射者（emitter）。與共感者不同，發射者有能力讓別人感受到他們的感受。發射者往往具有非凡的魅力，能夠改變房間的情緒和能量。就像心靈吸血鬼，許多發射者並不知道自己正在影響人們，他們可能只是覺得自己與人相處有一套。

對占卜者來說，發射者類型的問卜者實際上更難處理，因為他們與只會從我們這邊吸取能量的心靈吸血鬼不同，發射者會讓我們感受到他們的情感，這可能會影響占卜。如果問卜者是想要從占卜中得到特定結果的發射者，那麼能量會更加強

烈，請確保當你擁有強大的防護時，才繼續進行占卜。

☽ 惡魔之眼

當一個人嫉妒另一個人時，就像是在向那個人投擲了負面的飛鏢。有些人天生比其他人更有能力投擲這些毒鏢，這可能是無意的也可能是故意的。當你在見到某人後，發現自己似乎遇到了一連串不尋常的厄運時，可能會懷疑是否有人故意向你丟出惡魔之眼。如果你察覺到這一點，通常可以扭轉這種狀態（本章後面的「主動消除負能量」會有詳細介紹）。

☽ 被動能量

被動能量指的是潛在的能量氛圍，雖然它並沒有針對某人，但仍會影響人們。以下有兩個被動能量的例子，可以用來說明我的意思。

我最近去找我的髮型設計師。她的沙龍位於商場入口處，附近還有其他商店。走進沙龍時，我立刻感覺有些不對勁，能量被壓抑且焦慮。這讓我很難忽略，我問她是不是出了什麼事。她告訴我，隔壁餐廳一週前發生了一場鬥毆，並有人拔槍。鬥毆者離開餐廳後，手持槍支在商場內互相追逐。我的設計師不得不跑到店面後方，幸好沒人受傷。事件在空間中留

Chapter 16 準備好踏上神祕旅程了嗎？

下了影響每個人的殘餘能量。

同樣地，幽靈出沒也可能是被動能量的來源。人們有時會認為自己遇到一個活躍的搗蛋鬼，但實際上面對的是一個如同外殼般留下的衰敗能量。這些外殼通常會自行消散，但有時它們也會一直留下來。外殼就像是一個老影片，不斷重複播放，沒有意識存在。因此，如果你在客廳裡大喊：「朋友，走向光明吧！」卻沒有效果，這可能就是原因所在。本章後面會分享清除這種能量的技巧。

☪ 主動能量

主動能量是有意識地將能量從一個地方發送到另一個地方。如果將被動能量比喻為空氣中殘留的香水味，那麼主動能量就是風，它正在移動，並且會被引導指向你。上述的惡魔之眼現象就是主動能量的一個例子：它有方向、動作和目標。

身為占卜者，我們經常與能量打交道，有時它會帶來麻煩。如果能量帶給我們問題，我們可以學會解決它；但是處理被動能量和主動能量的方式不同，我們不應該對每個問題都使用相同的工具。我們需要在適合的情況下使用正確的工具，並制定相應的對策，才能使其發揮作用。

☾ 如何處理有問題的被動能量

處理被動能量需要淨化空間，就像進行徹底的除塵一樣。接下來，修復任何因負能量存在而造成的損害。最後，保護這個空間，維持健康的能量狀態，並引進正能量。

如果只是淨化而不進行更換，那麼就會讓負能量有機會重新現身。若你曾聽人說過：「我瘋狂給這個地方薰香淨化，但都沒有用」，很可能是因為他們真的只是淨化而已，但沒有進行保護和吸引良好的能量。因為大自然（和魔法）討厭真空，所以我們必須引入能讓正能量成長的東西來填補我們剛剛創造的空洞。總而言之，消除被動能量相當簡單，分為三個步驟：

✳ 消除被動負能量

步驟 1：淨化被動負能量。

步驟 2：療癒因被動負能量造成的任何損害。

步驟 3：保護空間並吸引正能量。

✳ 消除主動負能量

處理主動負能量需要有不同的策略，並涉及其他額外的步驟，需要付出更多的努力。就像處理被動能量一樣，揮舞一些

Chapter 16 準備好踏上神祕旅程了嗎？

鼠尾草並將黑碧璽塞進內衣裡是不夠的。以下是處理主動負能量的步驟（選擇 1a、1b 或兩者結合）：

步驟 1a：反轉能量，就像將球彈回來那樣。

步驟 1b：消除能量，就像在水中溶解一滴酒那樣。

步驟 2：透過包圍你自己或這個空間來建立任何東西都無法進入的屏障（有些人可能不同意這個步驟，寧可先淨化再保護。但是如果風還能從門口吹進更多的灰塵，我要怎麼打掃房子呢？）你還可以在你的屏障上留一個「排氣口」，讓剩餘的能量在你淨化時找到離開的出口。

步驟 3：淨化空間。

步驟 4：療癒（檢查是否有損傷。是否發生過任何需要療癒的事情？是否需要強化能量？）

步驟 5：保護自己和空間。維持你剛剛努力創造的環境。

☾ 最後幾個想法

為他人占卜需要消耗大量的體力、腦力和精力。當我們把自己放在第一位時，我們的健康狀況才會更好。當我們擁有更優質的健康狀況時，幫助他人的能力就會增強。

如果我們要成為提醒他人自身價值的信使，我們就必須採納同樣的建議，以免這些內容聽起來空洞。我們必須言行一

致，照顧好自己，不需感到內疚或羞恥，並像對待問卜者那樣善待自己。

Chapter 16 準備好踏上神祕旅程了嗎？

活動

創建你的魔法保護

在本章的最後，根據以下主題列出了相關的物品、符號和介入方式：

- ✦ 淨化
- ✦ 吸引或發射正能量
- ✦ 反轉能量
- ✦ 消除能量
- ✦ 屏障保護
- ✦ 療癒修復

就像在「客製小熊」商店一樣，你可以根據被動和主動負能量的公式來 DIY 自己的能量保護措施。針對以下情境，哪一種公式最適合你做練習？

- ✦ 你的塔羅牌只給出負面占卜內容。
- ✦ 你在見到某位問卜者後感到精疲力盡。
- ✦ 每當你在某個特定地方占卜時，效果都不太好。
- ✦ 有一名朋友也會解讀塔羅牌，但她從來沒有說過你的

好話。自從她與你往來變多後，你注意到奇怪的事情發生了，例如輪胎漏氣或不停生病。

客製化魔法保護資源清單

以下的內容清單並非詳盡無遺；請將它視為自己旅程的起點。其中有些物品和活動會吸引你，有些則可能不會，請隨自己的意願尋找屬於自己的物品和活動。你也可以將清單中的某些內容用於其他目的，重要的是你的想像力、專注力以及「它會有用」的信念。只要有了想像力、專注力和運作的信念，任何讓你感覺有效的方法就會是最有效的。

✳ 反轉能量：將能量送回原本的來處

用途	範例
可以放置在重要位置或透過佩戴來扭轉負能量的物品	✦ 八卦鏡 ✦ 法蒂瑪之手[4] ✦ 角形的手勢[5] ✦ 長者祝福的貝殼（Cowrie shell）手鍊 ✦ 納扎爾（藍眼睛護身符） ✦ 六芒星符號 ✦ 黑煤玉（jet）手鏈 ✦ 藍色的物品 ✦ 上帝之眼 ✦ 將馬蹄鐵垂直釘在前門上
可以用於反轉能量的塔羅牌	✦ 魔術師 ✦ 月亮 ✦ 命運之輪
當你感覺有人向你發出主動負能量時可以做的事情	✦ 捏自己一下 ✦ 吐口水在地上 ✦ 將拔出的刺在頭髮上磨擦（這是我奶奶教我的） ✦ 敲木頭 ✦ 拉耳垂

---

4 編按：手掌向上、掌心繪有一隻眼睛的手掌圖像，被視為保護、避邪和帶來好運的符號。

5 編按：該手勢是將食指與小指伸直，同時用拇指壓住彎下的中指和無名指，此手勢被視為可以驅逐厄運及惡魔之眼。

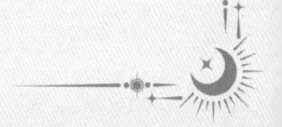

※ **消除能量：消除或驅散能量，而不是將其送回**

用途	範例
可以被動驅散能量的物品	✦ 風鈴 ✦ 打開窗戶，讓微風流通 ✦ 授粉花園[6]
為消除能量而採取的積極行動	✦ 拍手 ✦ 切斷連結 ✦ 將負能量接地於大地 ✦ 將斧頭扔到地上
召喚強大的盟友來協助消散能量	✦ 大天使加百列 ✦ 蛇、蝴蝶、蜥蜴、蚯蚓、蒲公英族類
放置或穿戴可驅散能量的寶石	✦ 黑曜石（Black obsidian） ✦ 碧璽（Tourmaline） ✦ 琥珀（Amber）
可以用於驅散能量的塔羅牌	✦ 節制 ✦ 審判 ✦ 吊人 ✦ 死神 ✦ 塔

---

6 譯按：專門種植會生產花蜜或花粉植物的花園。

Chapter 16 準備好踏上神祕旅程了嗎？

✳ 屏障保護：建立可以對抗負能量的屏障

用途	範例
可以放置或配戴用來保護空間或人員的物品	✦ 門框經文盒（Mezuzah）[7] ✦ 黑色蠟燭 ✦ 五芒星 ✦ 所羅門印記 ✦ 將掃帚靠在門上 ✦ 在前門附近種植迷迭香
召喚強大盟友以協助保護	✦ 大天使米迦勒 ✦ 龜、犀牛、岩蟹族類
放置或配戴可以支援屏障的寶石	✦ 黑色碧璽（Black Tourmaline） ✦ 黑尖晶（Black spinel） ✦ 玉髓（Chalcedony） ✦ 火瑪瑙（Fire agate） ✦ 碧玉（Jasper） ✦ 黑曜石（Obsidian） ✦ 瑪瑙（Onyx） ✦ 煙晶（Smoky quartz）
可以支撐屏障的塔羅牌	✦ 皇帝 ✦ 教皇 ✦ 隱士

---

[7] 編按：以色列文化中，門口會鑲上一個小盒子，裡面裝有經文，稱為 Mezuzah。

用途	範例
保護自身能量的做法	✦ 觀想有一層白光泡泡或一顆蛋包圍著你和你的光環 ✦ 誦讀《古蘭經》的最後三章 ✦ 誦讀主禱文 ✦ 用慣用手的食指在四個方向畫五角星符號

✸ **進行淨化：設置保護措施後清理空間或自身**

想像一個小型的單向出口，這樣你要淨化的能量就可以由此離開。完成後，密封這個出口。

用途	範例
淨化空間的方法	✦ 清潔身體並整理自己和空間 ✦ 用掃帚或孔雀羽毛象徵性地清掃該區域或人員：由上而下、逆時針進行 ✦ 噴灑帶有能量的水，例如花露水（Florida Water） ✦ 在空間的角落撒上鹽巴或用鹽磨砂膏沖澡
可以用來淨化空間氣流的物品	✦ 鈴鐺 ✦ 鼓 ✦ 撥浪鼓 ✦ 音叉

Chapter 16 準備好踏上神祕旅程了嗎？

用途	範例
放置或配戴有助於淨化人身和空間的寶石	✦ 透石膏魔杖（Selenite wands） ✦ 黑藍晶（Black kyanite） ✦ 銅（Copper） ✦ 棕色的碧玉（Brown jasper） ✦ 孔雀石（Malachite）
用以下任一物品淨化空氣	✦ 白鼠尾草（White sage） ✦ 雪松（Cedar） ✦ 柯巴脂（Copal） ✦ 乳香（Frankincense） ✦ 杜松（Juniper） ✦ 安息香（Benzoin） ✦ 牛膝草（Hyssop）

✷ 療癒修復：修復因負能量而造成的任何傷害

用途	範例
可以帶來療癒的事情	✦ 修復空間或內心的破損 ✦ 說肯定語句，例如「我是一個完整的人」或「我擁有我需要的一切」 ✦ 唱歌 ✦ 使用西藏頌缽 ✦ 點燃綠色或白色蠟燭 ✦ 使用巴赫花精急救療法 ✦ 飲用花草茶
召喚盟友來支持你的療癒	✦ 大天使拉斐爾 ✦ 柳樹、溪流、海洋、土壤、鳴鳥族類 ✦ 歐雅女神（Oya）[8]
配戴或放置可促進療癒的寶石	✦ 黃水晶（Citrine） ✦ 瑪瑙（Agate） ✦ 血石（Bloodstone） ✦ 玉（Jade） ✦ 粉水晶（Rose quartz） ✦ 紅玉髓（Carnelian） ✦ 星光藍寶石（Star sapphire） ✦ 綠松石（Turquoise） ✦ 紫黃晶（Ametrine）

---

8 編按：非洲文化中象徵暴風雨等大自然力量的女神，也代表突破難關、除舊布新的意涵。

Chapter 16　準備好踏上神祕旅程了嗎？

用途	範例
放置或使用可促進療癒的塔羅牌	✦ 節制 ✦ 星星 ✦ 皇后 ✦ 太陽
攝取、燃燒、飲用或種植可促進療癒的草藥和植物	✦ 多香果（Allspice） ✦ 當歸（Angelica） ✦ 蘋果（Apple） ✦ 檸檬香脂（Lemon balm） ✦ 薄荷（Peppermint）

✹ **守護能量：保障你所做的努力，使能量保持有益**

有兩種方法可以做到這一點：一是致力於進行主動的保護（類似於安全措施），二是促進有益能量的增長，這樣負能量就很難找到立足之地。

用途	範例
邀請盟友的祝福	✦ 你的祖先 ✦ 神聖之光 ✦ 大天使薩基爾 ✦ 神祇及其他地方的神靈 ✦ 獨角獸、熊、狼族、或是與雷電有關的族類 ✦ 女神塞赫麥特（Sekhmet）[9] ✦ 雷神索爾

---

9 編按：埃及文化中的戰爭女神及療癒女神，多以獅頭人身的形象呈現。

用途	範例
配戴或放置有利於保護的寶石	✦ 黑色碧璽（Black tourmaline） ✦ 琥珀（Amber） ✦ 煙晶（Smoky quartz） ✦ 虎眼石（Tiger's eye）
放置或使用可以促進保護的塔羅牌	✦ 太陽 ✦ 魔術師 ✦ 力量 ✦ 戰車
可以支持保護的草藥和植物	✦ 茶樹（Tea Tree） ✦ 茴芹（Anise） ✦ 月桂葉（Bay） ✦ 三葉草（Clover） ✦ 茴香（Fennel） ✦ 大蒜（Garlic） ✦ 槲寄生（Mistletoe） ✦ 橡樹（Oak）
讓空間圍繞著能產生正面能量的事物	✦ 放置讓你快樂或想起快樂時光的事物，例如家庭照片、紀念品和兒童藝術作品 ✦ 寵物和室內植物提供生機勃勃的能量 ✦ 邀請好朋友並舉辦慶祝活動；培養歡笑聲 ✦ 減少使用螢幕時間並以社交時間代替 ✦ 備有食物和飲料的祭壇，讓神靈開心 ✦ 水晶稜鏡（Sun-catchers）[10] ✦ 噴泉 ✦ 金字塔

Chapter 16　準備好踏上神祕旅程了嗎？

用途	範例
可以促進正能量的草藥	✦ 貓薄荷（Catnip） ✦ 風信子（Hyacinth） ✦ 薰衣草（Lavender） ✦ 繡線菊（Meadowsweet） ✦ 聖約翰草（St. John's wort）

---

10 編按：一種小型的裝飾，能夠透光或反射光線，掛在室內窗邊可以捕捉陽光，故有「彩虹製造器」或「太陽捕手」之稱。

結語

這是一個有趣的諷刺，我們使用塔羅牌來尋找生活中的清晰方向，但塔羅牌的確切運作方式卻是一個謎。為他人好好解讀塔羅牌通常需要一隻腳踏在邏輯世界，另一隻腳踏在神祕世界，同時當這兩個世界相互矛盾時也能保持鎮定。身為塔羅師，我們沒有義務讓這一切都有意義。相反地，我們盡可能在揭露真相和尊重神祕間找到最佳平衡。

我最後的建議是請保持對彈性的控制。抓住某件事物，但不要太緊；尊重一個信念，但如果它不再適合，就改變它；贏得尊重，但也要學會笑看自己的錯誤；對自己的行為負責，但當狀況不理想時要懂得愛自己，畢竟我們都只是凡人。

願你的塔羅牌練習為你帶來歡笑、謙遜、智慧和慈悲。願為他人解讀塔羅牌帶給你意義、療癒和平靜。最後，願塔羅牌拉開序幕，向你眨眼，告訴你已經夠了，因為那就是你──你也已經足夠了。

致謝

　　致芭芭拉‧摩爾和盧埃林出版社：感謝你們看見我提案的潛力並決定與我合作。感謝我的試讀者蘿倫‧洛威、佩格‧鄭、麥克‧金和珍妮佛‧穆勒尼斯：你們的見解和指導使本書變得更加強大，非常感謝。感謝偉大的塔羅社群：你們啟發我、引導我，點燃了我內心的神諭之火。正是站在你們努力的肩膀上，我才能伸手摘星。

　　感謝在寫作過程中為我提供支持的人：南希‧安特努奇、梅麗莎‧辛諾瓦、潔咪‧埃爾弗、克莉絲汀‧戈曼、泰瑞莎‧里德、阿爾文‧林區波和本尼貝爾‧溫，在我需要時，你們撥打的緊急電話、簡訊和私訊一直支持著我，讓我能夠繼續前進。我喜歡你們。我愛你們。謝謝。給瑞秋‧波拉克：感謝你富有先見之明的信件，以及成為我的同伴粉絲。我很珍惜你的存在。

　　感謝我的客戶、學生和學員：你們給我的比我所能給你們的更多。你們的故事、生活和聰明的心靈教會了我很多。很榮幸能與你們合作。

歲月對我無比仁慈，因為我一直有相信我的家人，謝謝你們。我非常高興成為那個「奇怪的阿姨」，我希望把這個頭銜傳給你們其中一個孩子，這個孩子或許比她應該知道的要多。

　　最後，獻給雷克斯：謝謝你教會我關於信仰、希望與忠誠的功課。當然，還有愛。

推薦閱讀清單

☾ 塔羅牌

關於占卜者與問卜者互動經驗的書籍:

Antenucci, Nancy, and Melanie Howard. *Psychic Tarot: Using Your Natural Psychic Abilities to Read the Cards*. Woodbury, MN: Llewellyn Publications, 2012.

Ben Dov, Yoav. *The Marseille Tarot Revealed: A Complete Guide to Symbolism, Meanings & Methods*. Woodbury, MN: Lewellyn, 2017.

Cynova, Melissa. *Tarot Elements: Five Readings to Reset Your Life*. Woodbury, MN: Llewellyn Publications, 2019.

Fairfield, Gail. *Everyday Tarot: Using the Cards to Make Better Life Decisions*. Boston: Weiser, 2002.

Greer, Mary. *21 Ways to Read a Tarot Card*. St. Paul, MN: Llewellyn Publications, 2006.

Huson, Paul. *Mystical Origins of the Tarot: From Ancient Roots to Modern Usage*. Rochester, VT: Destiny Books, 2004.

Katz, Marcus. *Tarosophy: Tarot to Engage Life, Not Escape It*. Keswick,

UK: Forge Press, 2016.

Matlin, Jenna. *Have Tarot Will Travel: A Comprehensive Guide to Reading at Festivals as a Tarot Professional*. Self-published, 2016.

Nichols, Sallie. *Jung and Tarot: An Archetypal Journey*. San Francisco: Red Wheel/Weiser, 2004.

Pollack, Rachel. *Tarot Wisdom: Spiritual Teachings and Deeper Meanings*. St. Paul, MN: Llewellyn Publications, 2003.

☾ 心理學、科學和直覺

這些書籍對於作為練習者的你,以及探索在占卜中常見的心理狀況,都是很棒的基礎資料。

Buonomano, Dean. *Your Brain Is a Time Machine: The Neuroscience and Physics of Time*. New York: W.W. Norton & Company, 2017.

Burns, David D. *When Panic Attacks: The New Drug-Free Anxiety Therapy That Can Change Your Life*. New York: Random House, 2006.

Campbell, Joseph. *The Hero With a Thousand Faces*. Princeton, NJ: Princeton University Press, 1973.

———. *The Power of Myth*. New York: Anchor Books, 1991.

推薦閱讀清單

Chödrön, Pema. *When Things Fall Apart: Heart Advice for Difficult Times.* Boulder, CO: Shambhala Press, 2000.

Cox, Brian, and Jeff Forshaw. *Why Does E = mc2? (And Why Should We Care?).* Boston: First Da Capo Press, 2009.

Day, Laura. *Practical Intuition: How to Harness the Power of Your Instinct and Make It Work for You.* New York: Random House, 1996.

"Flexbar." Theraband website, https://www.theraband.com/theraband-flexbar-resistance-bar.html.

Frankl, Viktor E. *Man's Search for Meaning.* Boston: Beacon Press, 2006.

Jung, Carl. *Synchronicity: An Acausal Connecting Principle.* Princeton, NJ: Princeton University Press, 1969.

Keen, Sam, and Anne Valley-Fox. *Your Mythic Journey: Finding Meaning in Your Life Through Writing and Storytelling.* Los Angeles: Jeremy P. Tarcher, 1989.

Kottler, Jeffrey. *On Being a Therapist.* San Francisco: Jossey-Bass, 2003.

Kushner, Harold. *When Bad Things Happen to Good People.* New York:Anchor Books, 1981.

North, Ora. *I Don't Want to Be an Empath Anymore: How to Reclaim Your Power Over Emotional Overload, Maintain Boundaries, and Live Your Best Life.* Oakland, CA: Reveal Press, 2019.

Rosenberg, Marshall. *Nonviolent Communication: A Language of Life.* Encinitas, CA: Puddledancer Press, 2003.

Schwartz, Arielle. *The Complex PTSD Workbook: A Mind-Body Approach to Regaining Emotional Control & Becoming Whole.* Berkeley, CA: Althea Press, 2016.

Sorensen, Michael S. *I Hear You: The Surprisingly Simple Skill Behind Extraordinary Relationships.* Alpine, UT: Autumn Creek Press, 2017.

Van Der Kolk, Bessel. *The Body Keeps the Score: Brain, Mind, and Body in the Healing of Trauma.* New York: Penguin Books, 2014.

Wallin, David. *Attachment in Psychotherapy.* New York: Guilford Press, 2007.

☾ 能量與魔法

這些書籍是關於淨化和保護你的能量的絕佳資源。

Matthews, Caitlin. *Psychic Shield: The Personal Handbook of Psychic*

Protection. Berkeley, CA: Ulysses Press, 2006.

Hall, Judy. *The Encyclopedia of Crystals*. London: Octopus Publishing Group, 2013.

Linn, Denise. *Sacred Space: Clearing and Enhancing the Energy of Your Home*. London: Random House, 1995.

Welch, Michelle. *The Magic of Connection: Stop Cutting Cords & Learn to Transform Negative Energy to Live an Empowered Life*. Woodbury, MN: Llewellyn Publications, 2021.

參考書目

Alexander, Courtney. *Dust II Onyx*. Self-Published, 2016.

Bakens, Martien. *The Fifth Tarot*. Nevada City, NV: Blue Dolphin Publishing, 2008.

Burgoon, Judee K., Lesa A. Stern, and Leesa Dillman. *Interpersonal Adaptation: Dyadic Interaction Patterns*. Cambridge, MA: Cambridge University Press, 1995.

Burns, David D. Feeling Good: *The New Mood Therapy*. New York: Avon Books, 1980.

Campbell, Joseph. *Myths to Live By: How We Recreate Ancient Legends in our Daily Lives to Release Human Potential*. New York: Bantam Books, 1972.

Cunningham, Scott. *Magical Herbalism: The Secret Craft of the Wise*. St. Paul, MN: Llewellyn Publications, 1982.

Cohen, Raymond. *Negotiating Across Cultures: International Communication in an Interdependent World* (rev. ed.). Washington, DC: United States Institute of Peace, 2004.

Cox, Brian, and Jeffrey Forshaw. *Why Does E = mc2? (And Why*

Should We Care?). Cambridge, MA: Da Capo Press, 2009.

Craig, William Lane. "Divine Foreknowledge and Newcomb's Paradox." *Philosophia* 17, no. 3 (1987): 331–350.

Cynova, Melissa. Kitchen *Table Tarot: Pull Up a Chair, Shuffle the Cards, and Let's Talk Tarot.* Woodbury, MN: Llewellyn Publications, 2017.

Dawn, Ethony. *Your Tarot Court: Read Any Deck with Confidence.* Woodbury, MN: Llewellyn Publications, 2019.

"DEVIL CARD CONFESSION; THE KILLER CAUGHT BY A TAROT READER; I turned over the Blasted Tower, the Emperor & then the Devil.. & he said 'It's terrible, I killed him'; EXCLUSIVE." Retrieved July 5, 2021 from the Free Library website. https://www.thefreelibrary.com/DEVIL+CARD+CONFESSION%3b+THE +KILLER+ CAUGHT+BY+A+TAROT+READER%3b+I+turned ...-a0453503943.

Dominguez, Ivo Jr. *Spirit Speak: Knowing and Understanding Spirit Guides, Ancestors, Ghosts, Angels, and the Divine.* Franklin Lakes, NJ: New Page Books, 2008.

"Word Cloud Generator." Fun Generators website, https://

fungenerators .com/word-cloud/.

Gray, Eden. *The Complete Guide to the Tarot: Determine Your Destiny! Predict Your Own Future!* New York: Crown Publishers, 1970.

Greer, Mary, and Tom Little. *Understanding the Tarot Court.* St. Paul, MN: Llewellyn Publications, 2004.

Hawn, Harley. "Time Sense: Polychronicity and Monochronicity," originally published March 27, 2005. http://www.harley.com/writing/time-sense.php.

Gentile, John S. "Epilogue: The Mythic Storyteller: Word-Power and Ambivalence." *Storytelling, Self, Society* 7, no. 2 (2011): 148–160. http:// www.jstor.org/stable/41949156.

Lindquist, Jay D., and Carol Kaufman-Scarborough. "The Polychronic—Monochronic Tendency Model: PMTS Scale Development and Vali- dation." *Time & Society* 16, no. 2–3 (September 2007): 253–285. https:// doi.org/10.1177/0961463X07080270.

Lobo, Francisco, Paulo Crawford. "Time, Closed Timelike Curves and Causality." *The Nature of Time: Geometry, Physics and Perception.* NATO Science Series II, 95 (2003): 289–296.

"Questioning Techniques: Asking Questions Effectively." Mind Tools web- site, https://www.mindtools.com/pages/article/

參考書目

newTMC_88.htm, 2018.

Oettingen, Gabriele. R*ethinking Positive Thinking: Inside the New Science of Motivation.* New York: Random House, 2014.

Sinha, Chris, Vera da Silva Sinha, Jörg Zinken, and Wany Sampaio. "When Time Is Not Space: The Social and Linguistic Construction of Time Intervals and Temporal Event Relations in an Amazonian Culture." Language and Cognition 3, no. 1 (2011): 137–169. doi:10.1515 /langcog.2011.006.

Sterle, Lisa. *Modern Witch Tarot.* New York: Sterling Ethos, 2019.

Waite, Arthur. *The Pictorial Key to the Tarot.* York Beach, ME: Weiser, 1983.First published 1911 by William Rider & Son (London).

Warwick-Smith, Kate. *The Tarot Court Cards: Archetypal Patterns of Relationship in the Minor Arcana.* Rochester, NY: Destiny Books, 2003.

國家圖書館出版品預行編目(CIP)資料

塔羅占卜實戰指南：掌握關鍵解牌技巧,從新手走向專業占卜師的祕笈 / 珍娜.麥特琳(Jenna Matlin)著；梵妮莎譯. -- 初版. -- 新北市：大樹林出版社, 2024.11
面；　公分. --（療癒之光；8）
譯自：Will you give me a reading? : what you need to read tarot with confidence
ISBN 978-626-98573-9-5（平裝）

1. CST：占卜

292.96　　　　　　　　　　　　　113014293

系列／療癒之光 08

塔羅占卜實戰指南
掌握關鍵解牌技巧，
從新手走向專業占卜師的祕笈
Will You Give Me a Reading? What You Need to Read Tarot with Confidence

作　　者／珍娜・麥特琳（Jenna Matlin）
譯　　者／梵妮莎
總 編 輯／彭文富
責任編輯／賴妤榛
文字校對／王瀅晴
封面設計／Ancy Pi
內頁排版／菩薩蠻數位文化有限公司
出 版 者／大樹林出版社
營業地址／23357 新北市中和區中山路 2 段 530 號 6 樓之 1
通訊地址／23586 新北市中和區中正路 872 號 6 樓之 2
電　　話／(02) 2222-7270　　傳　　真／(02) 2222-1270
官　　網／www.gwclass.com
E - m a i l／notime.chung@msa.hinet.net
Facebook／www.facebook.com/bigtreebook
發 行 人／彭文富
劃撥帳號／18746459　戶名／大樹林出版有限公司
總 經 銷／知遠文化事業有限公司
地　　址／新北市深坑區北深路 3 段 155 巷 25 號 5 樓
電　　話／02-2664-8800　　傳　　真／02-2664-8801
初　　版／2024年11月

"Translated from"
Will You Give Me a Reading? What You Need to Read Tarot with Confidence
Copyright © 2022 Jenna Matlin
Published by Llewellyn Publications
Woodbury, MN 55125 USA
www.llewellyn.com
Interior art by the Llewellyn Art Department

Tarot card illustrations from the Tarot Original 1909 Deck by Pamela Colman Smith and Arthur Edward Waite used with permission of Lo Scarabeo s.r.l.

Any images included within this product are intended for use in this product only and are not to be extracted for other products, applications or promotional usage. All artists and photographers must be credited in the same manner as the English Llewellyn edition.

定價　台幣／450元　港幣／150元　　ISBN／978-626-98573-9-5

◎本書如有缺頁、破損、裝訂錯誤，請寄回本公司更換。
◎本書為單色印刷的繁體正版，若有疑慮，請加入 Line 或微信社群洽詢。

大樹林學院
www.gwclass.com

大樹林出版社—官網

大樹林学苑—微信

課程與商品諮詢

大樹林學院 — LINE

預購及優惠

版權所有，翻印必究
Printed in Taiwan